MIX
Papier aus verantwortungsvollen Quellen
Paper from responsible sources
FSC® C105338

Philipp Hellmund

Entwicklungszusammenarbeit als globale Strukturpolitik

Vom Kolonialismus zum Neokolonialismus

Diplomica Verlag GmbH

Hellmund, Philipp: Entwicklungszusammenarbeit als globale Strukturpolitik: Vom Kolonialismus zum Neokolonialismus. Hamburg, Diplomica Verlag GmbH 2013

Buch-ISBN: 978-3-8428-8169-3
PDF-eBook-ISBN: 978-3-8428-3169-8
Druck/Herstellung: Diplomica® Verlag GmbH, Hamburg, 2013

Bibliografische Information der Deutschen Nationalbibliothek:
Die Deutsche Nationalbibliothek verzeichnet diese Publikation in der Deutschen Nationalbibliografie; detaillierte bibliografische Daten sind im Internet über http://dnb.d-nb.de abrufbar.

Das Werk einschließlich aller seiner Teile ist urheberrechtlich geschützt. Jede Verwertung außerhalb der Grenzen des Urheberrechtsgesetzes ist ohne Zustimmung des Verlages unzulässig und strafbar. Dies gilt insbesondere für Vervielfältigungen, Übersetzungen, Mikroverfilmungen und die Einspeicherung und Bearbeitung in elektronischen Systemen.

Die Wiedergabe von Gebrauchsnamen, Handelsnamen, Warenbezeichnungen usw. in diesem Werk berechtigt auch ohne besondere Kennzeichnung nicht zu der Annahme, dass solche Namen im Sinne der Warenzeichen- und Markenschutz-Gesetzgebung als frei zu betrachten wären und daher von jedermann benutzt werden dürften.

Die Informationen in diesem Werk wurden mit Sorgfalt erarbeitet. Dennoch können Fehler nicht vollständig ausgeschlossen werden und die Diplomica Verlag GmbH, die Autoren oder Übersetzer übernehmen keine juristische Verantwortung oder irgendeine Haftung für evtl. verbliebene fehlerhafte Angaben und deren Folgen.

Alle Rechte vorbehalten

© Diplomica Verlag GmbH
Hermannstal 119k, 22119 Hamburg
http://www.diplomica-verlag.de, Hamburg 2013
Printed in Germany

Danksagung

An dieser Stelle möchte ich mich bei einigen für diese Studie relevanten Personen bedanken. Mein Dank gilt insbesondere meiner Lebenspartnerin Judith Roubitschek, die mir viele familiäre Verpflichtungen abgenommen hat um mir dieses Buch zu ermöglichen. Meiner Tochter Emilia Carlotta Hellmund, welche mir Kraft und Motivation für dieses Buch gab. Meinen Eltern Michael und Jutta Hellmund, die mich immer auf jede Art und Weise unterstützten. Zudem möchte ich mich bei Thomas Mathy bedanken, der mir mit vielen Gesprächen, Hinweisen und Anregungen bei dieser Studie zur Seite stand und bei meiner Dozentin und Studienbetreuerin Dr. Jeanne Berrenberg, welche mit ihrer unkonventionellen Art, ihrem fachlichen Know-How und ihrem Engagement für ihre Studenten, mein Ethnologie-Studium maßgeblich prägte.

Inhalt

1 Einleitung 5

    1.1 Begriffsklärung 10
        1.1.1 Entwicklung und Wachstum..11
        1.1.2 Marktökonomie und Moralökonomie..13
        1.1.3 Globalisierung und Moderne..15
        1.1.4 Das Rationalitätskonzept..17

    1.2 Zur Geschichte der Entwicklungszusammenarbeit.................................18

2 Die gesellschaftliche Konstruktion von Wirklichkeit 21

    2.1 Sprache, Wissen und Wirklichkeit...23
    2.2 Habitus und Institutionalisierung...28
    2.3 Legimitation von Institutionen...32
    2.4 Zur Konstruktion symbolischer Sinnwelten 35
    2.5 Die Rolle von Expertenwissen..38
    2.6 Wenn Realität auf Wirklichkeit trifft..40
    2.7 Kulturelle Kategorien und praktisches Handeln....................................43

3 Die volkswirtschaftliche Perspektive 45

    3.1 Von der politischen Ökonomie zur klassischen Ökonomie....................48
    3.2 Volkwirtschaftliche Vorannahmen..50
    3.3 Wachstumstheorien in der Entwicklungszusammenarbeit 53
        3.3.1 Modernisierungstheorie..54
        3.3.2 Dependenztheorie...56
        3.3.3 Financial Gap Modell...58
        3.3.4 Strukturanpassungsprogramme 60

3.4 Die soziologische Perspektive eines Ökonomen 61
3.5 Die marktökonomische Wirklichkeit in der Entwicklungszusammenarbeit 65

4 Die ethnologische Perspektive 69

4.1 Ethnologische Vorannahmen 70
4.2 Die zu entwickelnde Kolonie und Neokolonialismus 71
4.3 Der „unabhängige" Nationalstaat als Bezugspunkt 74
4.4 Die soziale und kulturelle Dimension in der Entwicklungszusammenarbeit 77
4.5 Kulturessentialismus in der Entwicklungszusammenarbeit 79
4.6 Moralökonomie und Sozialstruktur 82
4.7 Strukturanpassungsprogramme und ihre Folgen 84
4.8 Die moralökonomische Wirklichkeit in der Entwicklungszusammenarbeit 87

5 Wenn Marktökonomie Bereiche der Moralökonomie substituiert 89

6 Schluss 92

7 Literaturverzeichnis 96

1 Einleitung

Diese Studie soll einen Einblick in die verschiedenen Perspektiven in Bezug auf die Entwicklungszusammenarbeit auf den Grundlagen volkswirtschaftlicher und ethnologischer Annahmen geben. Sie soll eine Verbindung zwischen diesen Annahmen schaffen und aufzeigen, wie sich die Wahrnehmung der verschiedenen Akteure auf der Makro, Zwischen- und Mikroebene konstituiert und welche Folgen das für die Entwicklungszusammenarbeit nach sich zieht. Die Motivation für diese Arbeit speist sich aus der Tatsache, dass ich im Zuge meines Studiums der Volkswirtschaft, was das Thema Entwicklungspolitik und -strategien und damit verbunden Wirtschaftswachstum angeht, festgestellt habe, dass soziokulturelle und gesellschaftspolitische Faktoren fast keinerlei Bedeutung beigemessen wurde. Aus einer ethnologischen Perspektive schienen diese abstrakten volkswirtschaftlichen Wachstumsmodelle, die als Grundlage für die Annahmen innerhalb der Entwicklungszusammenarbeit herhalten, diese zu legitimieren und die zum Teil sehr reduzierten Planspiele erwiesen sich oft als sehr realitätsfern und perspektivisch einseitig.

Vor diesem Hintergrund soll gefragt werden, warum die Entwicklungszusammenarbeit so oft scheitert und die „Entwicklung" in verschiedenen Ländern trotz sehr ähnlicher Voraussetzungen (aus volkswirtschaftlicher Perspektive) häufig sehr divergent verläuft. Warum wird Entwicklungszusammenarbeit geleistet und für wen? Welche Annahmen bilden die Grundlage für Entwicklungspolitik und -strategien? Was ist Entwicklung und was bestimmt die Vorstellung von Entwicklung? Wie konstituieren sich die Wahrnehmung und die Perspektiven der verschiedenen Akteure in Bezug auf Entwicklung?

Meine These lautet, dass Entwicklungszusammenarbeit durch die verschiedenartig objektivierten bzw. habitualisierten „Wirklichkeiten"[1] der Akteure und die damit verbundene Wahrnehmung derselben oftmals scheitert. Volkswirtschaftliche Grundannahmen, mit ihrem Fokus auf einer individuellen Perspektive der Nutzenmaximierung und einem individualistischem Rationalitätskonzept, wo sich jeder primär hinsichtlich seiner persönlichen Interessen zieloptimal verhält, werden völlig herausgelöst aus der Gesellschaftsstruktur, basierend auf Erfahrungen europäischer Wirtschaftsgeschichte, und haben kaum etwas mit der „Wirklichkeit" der zu „entwickelnden" Gesellschaften zu

---

[1] Nach Definition von Berger, Peter L./ Luckmann, Thomas, 1991: Die gesellschaftliche Konstruktion von Wirklichkeit, Frankfurt/Main S. 1: „[...] als Qualität von Phänomenen [...], die ungeachtet unseres Wollens vorhanden sind – wir könne sie aber nicht wegwünschen."

tun. Wirtschaftliche Handlungen und Konsumtion sind dort meist in verschiedenen Konfigurationen moralökonomisch in die Gesellschaftsstruktur eingebettet und es herrscht ein völlig anderes Verständnis von Rationalität, so dass aus diesem Grund marktökonomische „Wirklichkeit" in moralökonomische Bereiche der zu „entwickelnden" Akteure Einzug hält und so oft eine destruktive und destabilisierende Wirkung aufweist.

Dieses Phänomen von „Wahrnehmungsdifferenz", wo die der eigenen „Wirklichkeit" inhärente Logik und Wertevorstellung auf das/die Nehmerland/-gruppe falsch oder unreflektiert übertragen wird, findet sich auf allen Ebenen der Entwicklungszusammenarbeit. Auf der Makroebene, in multilateralen Beziehungen, zeigt sich das deutlich in der Globalisierungsdebatte und dem Scheitern der großen Entwicklungstheorien, wie in der Modernisierungs- und Dependenztheorie[2] oder dem Financial Gap Model. Auch die Konditionierung von Krediten durch IWF oder Weltbank auf Grundlage des „Washington Consensus"[3] mit ihren Strukturanpassungsprogrammen [4] und deren Folgen gibt die „westliche", gesellschaftlich determinierte „Wirklichkeit" wieder und zeigt wie diese den zu „entwickelnden" Akteuren übergestülpt und versucht wird, eine Homogenität herzustellen, die in dieser Form nicht vorhanden ist.

Auf der Zwischenebene, in bilateralen Beziehungen wie den nationalen Entwicklungshilfeministerien und Institutionen wie GTZ oder NGOs, finden sich diese verschieden konstruierten „Wirklichkeiten" in der Organisationstruktur der Institutionen wieder, je nach Interessen der Input- oder Outputseite. Zudem zeigen sie sich in der Zweideutigkeit der Entwicklungsziele[5], sie müssen sich legitimieren und konstruieren, somit „Wirklichkeiten" um ihrer selbst willen darzustellen. Seminare zur interkulturellen Kommunikation in der Entwicklungszusammenarbeit arbeiten mit kulturellen Differenzkategorien und Zuschreibungen auf Grundlage kulturessentialistischer Annahmen. Sie verkaufen Kultur in einem marktökonomischen Kontext als homogenen abgeschlossen Raum – Annahmen, die wissenschaftlich nicht mehr haltbar sind und deren Nutzen für die Experten vor Ort mehr als fragwürdig erscheint.[6]

---

[2] vgl. Willis, Katie, 2005: Theories and Practies of Development, London
[3] Bündel wirtschaftspolitischer Maßnahmen zur Förderung von wirtschaftlicher Stabilität und Wachstum, infolge der lateinamerikanischen Schuldenkrise, das von IWF und Weltbank entwickelt wurde
[4] Kriterien für die Stabilisierung des Wirtschaftswachstums im Zuge der südamerikanischen Krise
[5] vgl. Bierschenk, Thomas/Elwert, Georg, 1993: Entwicklungshilfe und ihre Folgen, Frankfurt/Main
[6] vgl. Hüsken, Thomas, 2006: Stamm der Experten, Bielefeld

Auf der Mikroebene stellen sich diese divergierenden „Wirklichkeiten" oft als Zynismus in der Entwicklungspolitik dar, in der Kluft zwischen Anspruch und Realisierungsmöglichkeit sowie im Scheitern konkreter Projekte durch Zweckentfremdung und das Aufschnüren von Hilfspaketen.[7]

Um meine These zu beweisen, werde ich zuerst grundlegende Begriffe wie Entwicklung, Wachstum, Marktökonomie, Moralökonomie, Globalisierung, Moderne, Tradition und Rationalität definieren und zeigen, wie ich sie in dieser Arbeit verwenden werde. Dies wird den Möglichkeiten entsprechend aus einer ethnologischen und einer volkswirtschaftlichen Perspektive geschehen. Weiterhin gebe ich einen kurzen Abriss über die Geschichte der Entwicklungszusammenarbeit, welche in einen historischen, volkswirtschaftlichen und ethnologischen Kontext eingebettet wird.

Im Hauptteil beginne ich mit der Darstellung der wissenssoziologischen Theorie von Peter L. Berger und Thomas Luckmann – „Die gesellschaftliche Konstruktion der Wirklichkeit". Damit möchte ich zeigen, wie sich die „Wirklichkeit" und damit die Wahrnehmung der verschiedenen Akteure zuerst im Allgemeinen und später im Feld der Entwicklungszusammenarbeit gesellschaftlich konstituieren. Dazu werde ich, der Theorie entsprechend, den Zusammenhang zwischen Wissen, Wirklichkeit und Sprache aufzeigen und definieren. Es wird gezeigt, wie es von einer subjektiven Vorstellung von Wirklichkeit durch Objektivierung zu einer Kollektivvorstellung kommt und wie sich über den Prozess der Habitualisierung diese Objektivierung institutionalisiert. An diesem Punkt wird der theoretische Exkurs teilweise durch das Habitus-Konzept von Pierre Bourdieu erweitert. Die Legitimation der Institution und die Konstruktion von symbolischen Sinnwelten sollen zeigen wie diese gesellschaftliche „Wirklichkeit" verteidigt, reproduziert und gegebenenfalls modifiziert wird. Dazu werde ich auch Annahmen von Marshall Sahlins und Edward E. Evans-Pritchard hinzuziehen, um kulturelle Kategorien und praktisches Handeln zur Wirklichkeitskonstruktion in Beziehung zu setzen und die Theorie von Thomas Luckmann und Peter L. Berger perspektivisch zu erweitern. Die Rolle von Wissenschaft und Expertenwissen zur theoretischen Legitimation von „Wirklichkeit" und zur Sicherung von Institutionen und Machstrukturen bildet den nächsten Teil der theoretischen Darstellung. Im letzten Punkt möchte ich zeigen, was theoretisch geschieht, wenn die eine (westliche) Wirklichkeit auf eine alternative Wirklichkeit trifft und wie Institutionen und symbolische Sinnwelten damit

---

[7] vgl. Bierschenk, Thomas/Elwert, Georg, 1993: Entwicklungshilfe und ihre Folgen, Frankfurt/Main

umgehen. Dazu werde ich den theoretischen Ansatz von Thomas Luckmann und Peter L. Berger mit anderen zum Teil ähnlichen oder ergänzenden Theorien, Ideen und Annahmen von Franz Boas, Marshell Sahlins, Rodney Needham, Chris Gegory, Edward E. Evans-Pritchard und Godfrey Lienhardt verknüpfen und erweitern. Dieser theoretische Teil stellt eine Art „Überbau" dar, um die verschiedenen Perspektiven, Wahrnehmungen und „Wirklichkeiten" in eine „Sprache" zu übersetzen und in einen Kontext zu bringen.

Nach diesem ersten grundlegenden theoretischen Diskurs im Hauptteil folgt die volkswirtschaftliche Perspektive in der Entwicklungszusammenarbeit, die ich auch als marktökonomische Perspektive bezeichnen möchte.

Dazu stelle ich kurz den historischen Perspektivenwechsel von der politischen Ökonomie, welche den Fokus ähnlich dem der Anthropologen auf die sozialen Beziehungen in dem Reproduktionsprozess richtete, hin zur klassischen neoliberalen Ökonomie dar. Diese legt den Schwerpunkt auf das Individuum und dessen Nutzenmaximierung und dominiert bis heute den entwicklungspolitischen Diskurs. Dazu folgt eine Darstellung volkswirtschaftlicher Grundannahmen neoliberaler Wirtschaftspolitik in Verbindung mit den klassischen Wachstumstheorien, wie der Modernisierungs- und Dependenztheorie, dem Financial Gap Model und den Strukturanpassungsprogrammen, welche die grundlegenden Vorstellungen oder „Wirklichkeiten" in der Entwicklungszusammenarbeit widerspiegeln. Diese Entwicklung der volkswirtschaftlichen Annahmen verbinde ich am Ende der Darstellung volkswirtschaftlicher Perspektiven mit den am Anfang erläuterten Theorien und Annahmen zur gesellschaftlichen Konstruktion von Wirklichkeit und wende diese am konkreten Beispiel der volkswirtschaftlichen Perspektive an. Der Fokus liegt dabei auf der theoretischen Legitimation marktökonomischer Strukturen/Institutionen und der Rolle von Expertenwissen, das diese perspektivische „Wirklichkeit" stützt, sowie auf durch die gesellschaftliche Sozialisation „naturalisierten" gesellschaftlichen Institutionen, die durch Habitualisierung/Objektivierung vorbewusst als natürlich gegebene Wirklichkeit erscheinen und so eine marktökonomische Logik implementieren.

Ein Beitrag von William Easterly, der als Ökonom des IWF (für mich überraschend) auch eine soziologische Perspektive zur Entwicklungspolitik einnimmt, zeigt mit seinem Versuch einer soziokulturellen Argumentation zum einen die Grenzen der volkswirtschaftlichen Perspektiven auf, aber auch die Relevanz einer ethnologischen Perspektive, und dient mir damit zur Überleitung hin zu einer solchen Perspektive in der Entwicklungszusammenarbeit.

Die ethnologische Perspektive und die damit verbundenen Grundannahmen, die ich mit einer moralökonomischen Perspektive verbinde, stellen den dritten Schritt im Hauptteil dar.

Darin will ich zeigen, wie in den meisten zu „entwickelnden" Gesellschaften die wirtschaftlichen Handlungsweisen in den sozialen Kontext und in die Sozialstruktur eingebettet sind und Konsumption mit der Sozialstruktur verwoben ist. Dies erfordert eine holistische Perspektive, ein anderes „Jedermanns-Wissen" als in der volkswirtschaftlichen Perspektive und generiert somit eine andere Wahrnehmung der „Wirklichkeit" und ein anderes Verständnis von Rationalität. Weiter gehe ich auf die Kolonialzeit ein und deren Verbindung mit der Globalisierungsdebatte und dem „Neokolonialismus" und mit welcher „Wirklichkeit" koloniale Ausbeutung legitimiert wurde, da diese Zeit die heutige Entwicklungszusammenarbeit grundlegend determiniert. Der nächste Punkt beinhaltet eine Kritik an dem „unabhängigen" Nationalstaat als Referenzrahmen entwicklungspolitischer Maßnahmen. Die soziale und kulturelle Dimension in der Entwicklungszusammenarbeit stellt ebenfalls eine ethnologische Kritik dar und soll zeigen, wie Ethnizität als Entwicklungshemmnis durch kulturelle Zuschreibungen konstruiert und ihr als traditional verhaftet jegliche Innovationskraft abgesprochen wird, und zwar aufgrund homogener Kulturvorstellungen der Akteure. Weiterführend lege ich den Fokus auf die Moralökonomie und deren Einbettung in die Sozialstrukturen. Hier wird die moralökonomische Definition aus der Einleitung in den konkreten Kontext eingepasst und gezeigt, wie ökonomisches Kapital in soziales Kapital transformiert wird, dass moralökonomische Rationalität also eine sicherheitsrelevante Funktion aufweist. Welche Wirkung die Strukturanpassungsprogramme von IWF und Weltbank auf diese sicherheitsrelevanten Funktionen ausüben, zeigt der nächste Abschnitt.

Die dann folgende Darstellung des dichotomen Kulturessentialismus innerhalb der Entwicklungszusammenarbeit[9], die unter anderem zur Vorbereitung der Projektexperten dient, soll zeigen, wie aufgrund marktökonomischer Strukturen Kultur klassifiziert und homogenisiert und somit erst marktkompatibel gemacht wird. Auch hier folgt der Darstellung eine Analyse mit Hilfe der anfangs entwickelten Theorie zur gesellschaftlich konstruierten Wirklichkeit. Wo aus einer volkswirtschaftlichen marktökonomischen

---

[9] vgl. Hüsken, Thomas, 2006: Stamm der Experten, Bielefeld

Perspektive gesellschaftliche Institutionen naturalisiert werden, werden aus einer moralökonomischen ethnologischen Perspektive wiederum natürliche Phänomene vergesellschaftet, das heißt, was in unserer „westlichen" Vorstellung eine „natürliche" Ursache hat, ist aus einer anderen Wirklichkeit heraus gesellschaftlich determiniert.[10] Der Schluss des Hauptteils stellt nochmals eine Darstellung moralökonomischer und marktökonomischer Prinzipien dar und die Frage, was passiert, wenn Marktökonomie in Bereiche der Moralökonomie eindringt. Den Schluss der Arbeit bilden ein Resümee, eine Kritik zur Entwicklungszusammenarbeit sowie die Möglichkeit, Parallelen zu ziehen zu „Wahrnehmungsdifferenzen" innerhalb einer Gesellschaft, zwischen Milieus, auch in Bezug auf aktuelle Protestbewegungen weltweit, die den „Wirklichkeitsentwurf" anderer Akteure ebenfalls ablehnen.

1.1 Begriffsklärung

Grundlegende Begrifflichkeiten innerhalb der Entwicklungszusammenarbeit, wie Entwicklung, Globalisierung, Moderne oder Rationalität, unterliegen einem ständigen Wandel und erhalten je nach Kontext und Perspektive ihrer Verwendung unterschiedliche Bedeutungen. Daher werde ich zentrale Begriffe, die für meine Argumentation wichtig sind, in dem folgenden Abschnitt näher beleuchten, ihre Verwendung aus der jeweiligen Perspektive erläutern und sie im Kontext dieser – so wie ich sie einsetze – definieren. Die Begriffe „westlich" oder „Westen" verwende ich im vollen Bewusstsein ihrer mangelnden Präzision. Sie stellen aber eine kulturelle Klassifikation dar, die für das vorliegende Thema einen anschaulichen Zweck aufweist. „Westen" steht dabei für Industrieländer Europas, Nordamerika, Australien und Neuseeland. Für deren wirklichkeitsbestimmende Merkmale steht „westlich".

---

[10] vgl. Godfrey Lienhardt, Denkformen, in: Firth, Raymond, 1967: Institutionen in primitiven Gesellschaften, Frankfurt/Main

1.1.1 Entwicklung und Wachstum

Entwicklung und Wachstum aus einer volkswirtschaftlichen Perspektive gehen Hand in Hand und sind vollständig ökonomisch determiniert. Entwicklung versteht sich hier als zunehmende Industrialisierung mit steigendem Einsatz von Technologie in allen Bereichen der Wirtschaft und als permanentes Wirtschaftswachstum. Entwicklung aus dieser Perspektive drückt sich in Indikatoren aus wie dem Bruttoinlandsprodukt[11], welches die Wirtschaftsleistung eines Landes wiedergibt. Weltbank und IWF teilen die Länder der Welt in Entwicklungskategorien, wie „Low-Income countries" oder „High-Income Countries", gemessen am nationalen Pro-Kopf Einkommen (GNP)[12]. Die Annahme hinter der Verwendung solch rein ökonomischer Indikatoren für die Repräsentation von Entwicklung ist, dass mit wirtschaftlichem Wachstum und wachsendem Reichtum automatisch eine Verbesserung der Gesundheitsvorsorge, eine höhere Bildung und verbesserte Lebensqualität einhergehen. In den späten 1980er Jahren wurden Indikatoren mit breiter aufgestellten und teils nichtökonomischen Variablen vom United Nation Development Program (UNPD) implementiert. Der Human Development Index (HDI)[13] misst nicht nur das aggregierte Pro-Kopf-Einkommen eines Landes, sondern auch Dimensionen wie Lebenserwartung und Alphabetisierungsrate. Auch wenn der HDI über die rein ökonomische Messlatte zur entwicklungspolitischen Kategorisierung der Welt hinausgeht, so zeigt er als Größenordnung doch nur den nationalen Durschnitt und keine Ungleichheiten innerhalb einer Nation. Entwicklung und deren Wahrnehmung aber implizieren differenzierte Größenordnungen. So kann der HDI, heruntergebrochen auf Individuen, lokale Gruppen oder Regionen, innerhalb eines Landes extrem variieren und somit auch die Wahrnehmung hinsichtlich Entwicklung der jeweiligen Akteure. Um die gleiche oder ungleiche Verteilung ökonomischer Ressourcen zu messen, wurde

---

[11] Es gibt den Gesamtwert aller Güter (Waren und Dienstleistungen) an, die innerhalb eines Jahres innerhalb der Landesgrenzen einer Volkswirtschaft hergestellt wurden und dem Endverbrauch dienen.
[12] Gross National Product (GNP) bzw. Gross National Income (GNI)) ist ein zentraler Begriff aus der volkswirtschaftlichen Gesamtrechnung (VGR). Es misst den Wert aller Waren und Dienstleistungen, die in einer Periode mithilfe von Produktionsfaktoren hergestellt werden, die sich im Besitz von Personen befinden, die im betrachteten Staat bzw. Gebiet leben (Inländer). Dies ist gleichbedeutend mit den an Inländer geflossenen Einkommen aus Erwerbstätigkeit und Vermögensbesitz (Zinsen und andere Kapitalerträge, nicht allerdings Einkommen aus Veräußerungsgeschäften), weshalb das Bruttonationaleinkommen als zentraler Einkommensindikator einer Volkswirtschaft gilt.
[13] Der Human Development Index (HDI) der Vereinten Nationen ist ein Wohlstandsindikator für Länder. Der HDI wird seit 1990 im jährlich erscheinenden Human Development Report des Entwicklungsprogramms der Vereinten Nationen (UNDP) veröffentlicht.

der Gini-Koeffizient[14] in einer nationalen Größenordnung eingeführt, denn ein sehr hohes Pro-Kopf-Einkommen heißt nicht automatisch, dass dies auch gleich verteilt ist und jeder Zugang zu diesen Ressourcen erhält. Erfahrungen von Exklusion, Armut und Benachteiligung betreffen nicht nur die zu „entwickelnden" Länder.[15] Wie kann also von einer (positiven) "Entwicklung" in einem Land auf Grund starker ökonomischer Performance gesprochen werden, wenn nur sehr wenige davon „profitieren"? Wie lässt sich Entwicklung messen? Was sind wo Grundbedürfnisse? Entwicklung als solches zu definieren ist also, wie man sieht, mehr als problematisch. Es kommt dabei auf die Perspektive und den Kontext an, aus welcher Position und auf Grundlage welcher Erfahrung die Betrachtung erfolgt. Aus volkswirtschaftlicher Perspektive werden Entwicklung und Wachstum zum Zwecke der Vergleichbarkeit so gut wie immer in homogener, numerisch quantitativer Form ausgedrückt.[16]

Entwicklung versteht sich hier als ein technokratischer ökonomischer Prozess. Subjektive Dimensionen von Entwicklung sind aus dieser Perspektive ausgeschlossen, das beinhaltet auch die Wahrnehmung, Erfahrungen und Meinungen von Individuen oder lokalen Gruppen. Als Beispiel wird extreme Armut in den „Millennium Development Goals"[17] definiert als eine Person, die von weniger als einem Dollar pro Tag leben muss, unabhängig davon, wie unterschiedlich die individuelle Wahrnehmung oder Empfindung von extremer Armut ist.

Aus einer ethnologischen Perspektive versteht sich Entwicklung als Veränderung soziokultureller Faktoren, unabhängig von welcher Art.[18] Entwicklung kann hier aufgefasst werden als ein sowohl von indigenen Innovationen als auch von äußeren Einflüssen angeregter Prozess, der eine soziale, technologische oder gesamtkulturelle Transformation einer Gruppe oder Gesellschaft beinhaltet.[19]

---

[14] Der Gini-Koeffizient oder auch Gini-Index ist ein statistisches Maß, das vom italienischen Statistiker Corrado Gini zur Darstellung von Ungleichverteilungen entwickelt wurde. Er nimmt einen Wert von 0 bei Gleichverteilung und einen Wert von 1 bei maximaler Ungleichverteilung an.
[15] vgl. Jones, Charles I., 2002: Introduction to economic growth, New York
[16] vgl. Willis, Katie, 2005: Theories and Practies of Development, London
[17] Die Millennium-Entwicklungsziele der Vereinten Nationen umfassen acht Entwicklungsziele für das Jahr 2015, die im Jahr 2000 von einer Arbeitsgruppe aus Vertretern der UNO, der Weltbank, der OECD und mehreren Nichtregierungsorganisationen formuliert worden sind.
[18] vgl. Bierschenk, Thomas/Elwert, Georg, 1993: Entwicklungshilfe und ihre Folgen. Frankfurt/Main
[19] vgl. Hirschberg, Walther, 1999: Wörterbuch der Völkerkunde, Berlin

Das Konzept vom „Eurozentrismus"[20] und das koloniale Erbe spielen bei der Diskussion um Entwicklung und Entwicklungszusammenarbeit innerhalb einer ethnologischen Perspektive eine große Rolle. Der Begriff der Entwicklung reflektiert für Ethnologen wie Arthuro Escobar eine herrschende asymmetrische Machtbeziehung zwischen dem „Westen" oder „Norden" und dem Rest der Welt, die Entwicklung als solche als „richtig" gerichtet oder „verfehlt" definieren kann. Das zeigt sich auch an dem vormals verwendeten Begriff der „Entwicklungshilfe"[21]. Aus der ethnologischen Perspektive weist Entwicklung keinerlei implizite Wertigkeit auf, hier gibt es keine „richtige" oder „falsche" Entwicklung, keinen Anfang und kein Ende, sondern lediglich eine Veränderung von Strukturen in einem zeitlichen Rahmen, ob nun ökonomischer, sozialer, kultureller oder politischer Natur. Die allgemeine Vorstellung und Wertung von Entwicklung gehen auf die Ideologie der „zivilisatorischen Mission" zurück, mit der die Kolonialmächte die Eroberung und infrastrukturelle Erschließung fremder Territorien legitimierten.[22] Entwicklung im Kontext dieser Arbeit versteht sich als eine klassifizierende Repräsentation kultureller Kategorien, als ein Produkt gesellschaftlich konstruierter objektiver „rationaler" Wissenschaft mit der „westlichen" Wirtschafts- und Gesellschaftsform als dem „richtigen" Ziel.

1.1.2 Marktökonomie und Moralökonomie

Die Ursprünge staatlicher Entwicklungszusammenarbeit durch den „Westen" sind vor allem in dem Bestreben zu sehen, politische und wirtschaftliche Einflusszonen zu sichern[23], das heißt unter anderem in Regionen, in denen moralökonomische Wirtschaftsformen vorherrschen, marktökonomische Strukturen zu etablieren, um entsprechende Wirtschaftsstrukturen zu homogenisieren, so eigene Absatzmärkte zu erweitern und günstige noch nicht erschlossene Rohstoffe zu importieren.

Marktökonomie versteht sich vereinfacht als selbstregulierender Raum ökonomischer Transaktionen bei perfektem Wettbewerb und perfekter Rationalität, völlig losgelöst

---

[20] Darunter versteht man die Beurteilung inner- und außereuropäischer Kulturkreise nach europäischen Vorstellungen und auf der Grundlage der in Europa entwickelten Werte und Normen. Europa nimmt im Eurozentrismus als Maßstab das alleinige Zentrum des Denkens und Handelns ein.
[21] Der Begriff ist in der modernen entwicklungspolitischen Diskussion aufgrund des impliziten asymmetrischen Machtverhältnisses zw. Geber und Nehmer in Kritik geraten.
[22] vgl. Hirschberg, Walter ,1999: Wörterbuch der Völkerkunde, Berlin
[23] vgl. ebd.

und unabhängig von der Sozialstruktur der an dieser Transaktion beteiligten Akteure. Die Akteure in einer Marktökonomie handeln nach individuellem Interesse, nutzen- und profitmaximierend zur Bedürfnisbefriedigung in einer rein technokratischen Struktur, wo Angebot und Nachfrage ein Gleichgewicht in Form eines Preises bilden und so stabile Strukturen geschaffen werden, die jederzeit den Markt „räumen"[24] und so permanentes Wachstum generieren. Die Ökonomie bildet in diesem Kontext eine funktionale Sphäre, die separiert ist von Kultur und Gesellschaft. Die individuelle Bedürfnisbefriedigung bildet die Basis des theoretischen Konstrukts. Der Mensch wird hier zum „homo economicus"[25], indem alle Aspekte seines sozialen Lebens objektiviert und quantifiziert werden und eingebettet sind in Bedingungen, in denen sein Verhalten bestimmt wird durch Effizienz und Maximierung. Die Gesellschaft ist hier komplett in die Marktökonomie eingebettet und wird von ihr determiniert. Der Markt stellt den integrativen Mechanismus dar, der alle Aspekte nichtökonomischen Lebens durchdringt. Diese Perspektive erlaubt es, volkswirtschaftliche Theorien und Annahmen als Basis – auch zur Analyse sozialer Phänomene – herzunehmen und zu legitimieren.

Moralökonomie definiert sich im Rahmen dieser Arbeit als Raum ökonomischer Transaktionen, der bestimmt und durchdrungen ist von sozialen Beziehungen und nichtökonomischen Institutionen. Die wirtschaftlichen Handlungsweisen sind komplett eingebettet in die Gesellschaft und bestimmt durch soziale Normen und Regeln. Ökonomie ist hier kontrolliert durch Normen, Erwartungen und Werte einer Gemeinschaft oder Gruppe innerhalb eines „Moralischen Universums"[26]. Wirtschaftliches Handeln und Überschüsse dienen in einer Moralökonomie zur Unterstützung und Stärkung des Sozialen. Die Ökonomie zeigt hier keine strukturelle und theoretisch unabhängige Existenz oder wie Polanyi schreibt, „daß die wirtschaftliche Tätigkeit des Menschen in der Regel in seinen [sic!] Sozialbeziehungen eingebettet ist. Sein Tun gilt nicht der Sicherung seines Individuellen [sic!] Interesses an materiellen [sic!] Besitz, sondern der Sicherung seines gesellschaftlichen Rangs, seiner gesellschaftlichen Ansprüche und seiner gesellschaftlichen Wertvorstellungen."[27] Der Prozess der Einbettung verläuft im Gegensatz zur

---

[24] „Räumen" heißt, dass alle auf dem Markt angebotenen Güter durch den Gleichgewichtspreis auch nachgefragt werden, also das Angebot genau der Nachfrage entspricht.
[25] Es ist in der Wirtschaftswissenschaft das theoretische Modell eines Nutzenmaximierers zur Abstraktion und Erklärung elementarer wirtschaftlicher Zusammenhänge.
[26] vgl. Scott, James C., 1976: The moral economy of the peasant. Rebellion and subsistence in Southeast Asia, New Haven
[27] Polanyi, Karl, 1995: The Great Transformation. Politische und ökonomische Ursprünge von Gesellschaften und Wirtschaftssystemen, Frankfurt/Main, S. 75

Marktökonomie also umgekehrt. Wo in der Marktökonomie die Gesellschaft in die Wirtschaftsstruktur eingebettet ist, sind in der Moralökonomie die Wirtschaftshandlungen in die Gesellschafts- oder Gruppenstruktur eingebettet. Natürlich existieren diese Wirtschaftsformen nicht in ihrer reinen Form, jede Marktökonomie beinhaltet auch moralökonomische Elemente und umgekehrt. Sie stellen in ihrer Reinform lediglich ein analytisches Mittel dar, um je nach ihrer Gewichtung innerhalb einer Gesellschaft ihre Auswirkungen aufeinander besser darstellen zu können. Im Kontext dieser Arbeit verbinde ich die Marktökonomie mit der volkswirtschaftlichen Perspektive und die der Moralökonomie mit einer ethnologischen Perspektive.

1.1.3 Globalisierung und Moderne

Globalisierung ist einer der meistverwendeten und schwammigsten Begriffe unserer Zeit und scheint genau wie Marktwirtschaft alle Bereiche unseres Lebens zu durchdringen. Im Allgemeinen lässt sich Globalisierung definieren als zunehmende Interkonnektivität verschiedener Teile der Welt, so dass eine physische Distanz immer weniger zur Barriere wird, um Ideen, Güter, Menschen und Geld auszutauschen.[28] Dies wird ermöglicht durch Entwicklungen in Technologie, Transport und Kommunikation. Somit können ökonomische, politische, soziale und kulturelle Aktivitäten und Prozesse in einen immer größeren Teil der Welt getragen werden. Der potenzielle Nutzen dieser „Zeit-Raum Kompression"[29] ist dabei nicht allen gleich zugänglich oder von allen gewünscht.

Aus einer volkswirtschaftlichen Perspektive beginnt Globalisierung mit der von Ricardo[30] im späten 18. Jh. entwickelten Theorie vom „komparativen Vorteil". Danach sollten sich Länder auf die Produktion und den Verkauf solcher Güter konzentrieren, mit denen sie in der Produktion einen Vorteil gegenüber anderen Ländern erzielen könnten – sei es hinsichtlich ihrer geografischen Besonderheiten wie Klima oder Ressourcen, durch eine hohe Anzahl an Arbeitskräften (arbeitsintensive Produktion) oder durch technologische und wissenschaftliche Expertise. Indem sich Länder durch ihre regionalspezifischen Besonderheiten spezialisieren und so ein bestimmtes Produkt am

---

[28] vgl. Willis, Katie, 2005: Theories and Practices of Development, London
[29] vgl. Allen,J., 1995: „Global worlds", in: Allen,J./Massey, D.: Geographical worlds, Oxford
[30] David Ricardo, geb. 19. April 1772 in London, war ein britischer Ökonom und führender Vertreter der klassischen Nationalökonomie.

kostengünstigsten und effizientesten herstellen können, entsteht eine globale Arbeitsteilung. So kann jedes Land durch freien Handel Produkte importieren, deren Herstellung im eigenen Land viel teurer wäre, und das exportieren, was für sie einen komparativen Vorteil nach sich zieht. Dieser Handel geht einher mit einem weltweiten Fluss an Finanzen, Technologien, Ressourcen, Dienstleistungen und Informationen. Um diese Form von Welthandel zur kontrollieren und zu repräsentieren, wurde 1995 die World Trade Organisation (WTO) ins Leben gerufen – für viele der Inbegriff der Globalisierung.

Aus einer ethnologischen Perspektive beginnt Globalisierung mit dem Zeitalter kolonialer Eroberung. Im Fokus des Interesses stehen hier strukturelle und funktionale Veränderungen von Sozialbeziehungen innerhalb einer Gruppe oder Gesellschaft, zudem die Transformationen gesellschaftlicher Bedingungen durch Werte- und Wissenstransfer sowie Prozesse von Exklusion und Migration, bedingt durch diese sozialen Veränderungen. James Fergousson[31] zum Beispiel zeigt in seinem Buch am Beispiel Afrikas, dass es im Gegensatz zur öffentlichen Darstellung von „Globalisierung" nicht unbedingt einen „flow" von Transferelementen gibt, sondern ein Punkt-zu-Punkt-Netzwerk industrieller Enklaven, welche die Bevölkerung vor Ort zum Teil mit Gewalt von der Partizipation ausschließen.

Im Kontext dieser Arbeit taucht der Begriff Globalisierung im Zusammenhang mit Entwicklungszusammenarbeit immer wieder auf und es soll daran gezeigt werden, wie dieser Begriff instrumentalisiert und symbolgeladen zur Konstruktion der „Wahrheit" oder „Wirklichkeit" herangezogen wird. Er stellt also ebenfalls eine kulturelle Repräsentation dar, aus der sich das Handeln der Akteure ableitet. Das Gleiche gilt für den Begriff der Moderne als Differenzkategorie zu Tradition auf Basis linearer Entwicklungsvorstellungen. Moderne ist dabei der Zielpunkt entwicklungspolitischer Maßnahmen und Tradition deren Hemmnis.

---

[31] Fergusson, James, 2007: Global Shadows. Africa in the neoliberal world order, Durham

1.1.4 Das Rationalitätskonzept

Der Begriff der Rationalität wird in dieser Arbeit als Analysemethode zur Beschreibung von Entscheidungssituationen zum einen und zum Aufzeigen seiner Relativität im interkulturellen Kontext zum anderen genutzt. Sich rational zu verhalten heißt, sich zielmittel-konsistent zu verhalten – eine handlungstheoretische Basis, die sowohl der ethnologischen als auch der volkswirtschaftlichen Perspektive entspricht. Der Unterschied liegt in den Annahmen über die Ziele und Bedürfnisse der Akteure.

In einem Rationalitätskonzept aus volkswirtschaftlicher Perspektive handelt das Individuum in wirtschaftlichen Transaktionen nach dem Prinzip der individuellen Wohlstands- oder Nutzenmaximierung in einem machtfreien Raum. Macht, Vermachtungs- und Herrschaftsprobleme werden implizit außerhalb der Wirtschaft verortet und traditionelle, kulturelle und soziale Einflüsse auf das Handeln zum Großteil ausgeklammert.[32] Der Fokus liegt also auf dem Individuum, welches sich primär zu seinen persönlichen Interessen, wie Wohlstand und Sicherheit für seine eigene Familie (größte relevante soziale Einheit für das Individuum), zieloptimal verhält.

Die ethnologische Perspektive erweitert das Rationalitätskonzept, indem sie das Handeln nicht auf wirtschaftliche Ziele beschränkt, sondern Gemeinschaftsinteressen und wertorientiertes, affektuales, politisches und traditionales Handeln unter den möglichen Handlungsalternativen mit berücksichtigt. An die Stelle einer individuellen Perspektive tritt eine holistische Perspektive. James Scott erweitert das Rationalitätskonzept mit dem „Safty-first-Prinzip."[33] Dort beinhaltet Rationalität ein Kalkül, „das die höchste individuelle Sicherheit in auf Reziprozität und Redistribution basierendem, solidarischem Handeln findet und auf die Herleitung individueller aus sozialer Sicherheit ausgerichtet ist"[34]. Es handelt sich um eine Kollektivrationalität, deren Bezugspunkt die Ziele der Gemeinschaft sind. Individuelle und Gemeinschaftsinteressen sind hier in vielen Fällen identisch. Das Streben nach sozialen Zielen, höherem Status und Macht kann ebenfalls unter der Begrifflichkeit rationalen Handelns gefasst werden, d. h. also

---

[32] vgl. Schrader, Heiko, 1994: „Zum Verhältnis von Markt und Moral in westlichen und nichtwestlichen Gesellschaften", Working Paper Nr. 217, Universität Bielefeld, Fakultät für Soziologie, Bielefeld
[33] vgl. Scott, James C., 1976: The moral economy of the peasant. Rebellion and subsistence in Southeast Asia, New Haven
[34] Schrader, Heiko, 1994: Zum Verhältnis von Markt und Moral in westlichen und nichtwestlichen Gesellschaften, Working Paper Nr. 217, Universität Bielefeld, Fakultät für Soziologie, S. 13

im Bourdieu'schen[35] Sinne, kulturelles, symbolisches oder soziales Kapital zu akkumulieren, was wiederum ökonomisches Kapital nach sich ziehen kann.

Wie das Konzept von Rationalität gesellschaftlich konstruiert wird und welche Folgen das für die Wahrnehmung der Akteure innerhalb der Entwicklungszusammenarbeit nach sich zieht, werde ich später in dieser Arbeit aufzeigen.

1.2 Zur Geschichte der Entwicklungszusammenarbeit

Entwicklungshilfe oder -zusammenarbeit wurde bereits lange vor der Erfindung des Begriffes praktiziert. Schon seit 1920 wurde diese Form von wirtschaftlichem, politischem, sozialem oder kulturellem „Engagement" systematisch von Kolonialherren durch wirtschaftliche Zwänge zur „In-Wert-Setzung" kolonialer Ressourcen geleistet. Friedrich II. von Preußen und Brandenburg entwickelte außenpolitisch motivierte Zahlungen, als kostengünstigere Alternative zu gewaltsamen Auseinandersetzungen, als ein systematisches Instrument seiner Außenpolitik – eine Art „Scheckbuch-Diplomatie"[36]. Der offizielle Beginn von Entwicklungspolitik wird meist mit dem Four-Point-Programm des US-amerikanischen Präsidenten Harry S. Truman am 20. Januar 1949 assoziiert. Im Zusammenhang mit der Gründung der North Atlantic Treaty Organisation (NATO) erklärte er, dass künftig die entwickelten Industrienationen den unterentwickelten Ländern helfen müssten, sich selbst zu helfen.[37] Die Jahre 1950 bis 1960 werden als Vorstufe zur Entwicklungspolitik beschrieben. Entwicklungsbemühungen wurden in dieser Zeit außenpolitisch im Rahmen der ideologischen Blockbildung instrumentalisiert. Entwicklungspolitisches Ziel war es, den Kommunismus einzudämmen und zu verhindern, dass Länder der „Dritten Welt" sozialistisch wurden. Die Zeit von 1960 – 1970 wird als Hoch-Zeit globaler ökonomischer Modernisierungsbestrebungen verstanden. Zu dieser Zeit herrschte die Vorstellung, dass es mit einem ausreichenden wirtschaftlichen Wachstum automatisch zu einer nachhaltigen Entwicklung kommen und die Industrialisierung nach westlichem Vorbild dabei den einzigen Weg darstellen würde. Zugeschossenes Kapital würde durch den „Trickle-down-Effekt", das Durchsi-

---

[35] Bourdieu, Pierre, 1976: Entwurf einer Theorie der Praxis auf der ethnologischen Grundlage der kabylischen Gesellschaft, Frankfurt/Main
[36] vgl. Bierschenk, Thomas/Elwert, Georg, 1993 : Entwicklungshilfe und ihre Folgen, Frankfurt/Main
[37] Harry Truman, Inauguration Speech 20th January 1949, in: Department of State Bulletin January 30, 1949, Washington D.C. 1949, S. 123

ckern der Mittel von oben nach unten bis zu den Bedürftigen, Wachstum und Wohlstand fördern und die Einbindung der Entwicklungsländer in den Weltmarkt hätte günstige Auswirkungen auf das lokale Wirtschaftswachstum. Die nächste entwicklungspolitische Dekade von 1970 – 1980 gilt als Zeit der Revision, da das Wachstum trotz reichlicher Kapitalzuschüsse ausblieb oder wenn vorhanden regional sehr ungleich verteilt war. Das Kapital versickerte wirkungslos und lediglich die Eliten profitierten von den Zuschüssen. Entwicklung durch Wachstum galt als gescheitert und es wurde eine sogenannte Grundbedürfnisstrategie entwickelt. Die Annahme bestand darin, dass das wirtschaftliche Wachstum auf die Befriedigung der Grundbedürfnisse der Menschen vor Ort folgen müsste. Zu diesen Grundbedürfnissen zählten Nahrung, Gesundheit, Bildung, Freiheit und Selbstbestimmung. Man muss aber auch sehen, dass diese Sicherung der Grundbedürfnisse bereits ein Anliegen kolonialer Entwicklungspolitik war, und zwar auch mit dem Ziel, Konflikten vorzubeugen und Dekolonisierung hinauszuzögern.[38] Als „verlorenes Jahrzehnt" wird die Dekade von 1980 – 1990 bezeichnet. Sie ist geprägt durch die Ölkrise der 70er Jahre, die Wirtschaftskrise Anfang der 80er Jahre, fallende Rohstoffpreise und damit verbunden mit einem immensen Anstieg der Auslandsverschuldung der Entwicklungsländer. Entwicklung sollte nun, nach einem Bericht der Weltkommission unter dem norwegischen Ministerpräsidenten Brundtland 1987, dauerhaft sein und auch künftigen Generationen Nutzen bringen. Auch sollte die Nutzung von Ressourcen in harmonischem Einklang stehen mit technologischer Entwicklung und institutionellem Wandel. Die Zeit von 1990 – 2000 gilt in der Entwicklungspolitik als Zeit des Strebens nach Nachhaltigkeit. Bei der Konferenz für Umwelt und Entwicklung in Rio de Janeiro 1992 wurde die Agenda 21 aufgestellt. Inhaltlich ging es neben Nachhaltigkeit auch um Hilfe zur Selbsthilfe, Ressourcenverbrauch und Eigenständigkeit. Auch hier sind die Industrienationen wieder Maßstab und Vorbild sinnvoller Entwicklungswege für Länder Afrikas, Asiens und Lateinamerika.[39] Am 18. September 2000 wurde ein grundlegender Katalog für die Zielsetzung aller UN-Mitgliedstaaten verabschiedet, die „Millenniumserklärung". Sie beinhaltet den Schutz von Menschrechten und die „Good-Governance"-Politik. Aus dieser Erklärung wurden später acht internationale Millenniumsentwicklungsziele abgeleitet:

---

[38] http://docupedia.de/zg/Geschichte_der_Entwicklungspolitik
[39] http://docupedia.de/zg/Geschichte_der_Entwicklungspolitik

- MDG[40] 1: den Anteil der Weltbevölkerung, der unter extremer Armut und Hunger leidet, halbieren
- MDG 2: allen Kindern eine Grundschulausbildung ermöglichen
- MDG 3: die Gleichstellung der Geschlechter fördern und die Rechte von Frauen stärken
- MDG 4: die Kindersterblichkeit verringern
- MDG 5: die Gesundheit der Mütter verbessern
- MDG 6: HIV/AIDS, Malaria und andere übertragbare Krankheiten bekämpfen
- MDG 7: den Schutz der Umwelt verbessern
- MDG 8: eine weltweite Entwicklungspartnerschaft aufbauen[41]

Die Zeit nach 2000 wurde als Periode massiver Kritik bezeichnet, wo sogar ein Ende der Entwicklungszusammenarbeit prognostiziert wurde. Ausschlaggebend sind Meinungen von Intellektuellen aus den Entwicklungsländern selbst, welche die Millenniumsentwicklungsziele und das asymmetrische Machtverhältnis zwischen Geber- und Nehmerländern oder den „schwarzen Eliten" und „weißen Helfern" und den „kleinen Leuten" vor Ort kritisieren.[42] Das Neo-Koloniale in der Entwicklungspolitik ist wieder Thema. Viele „Innovationen" in der Entwicklungszusammenarbeit erscheinen bei genauerer Betrachtung oftmals als äußerst langlebige koloniale Entwicklungskonzepte. Diese hier in der kurzen Darstellung zum großen Teil verwendete Quelle stammt von Prof. Dr. Hubertus Büschel, einem Juniorprofessor für Kulturgeschichte an der Justus-Liebig-Universität Gießen. Die inhaltliche Darstellung entwicklungspolitischer Geschichte zeigt bereits zum Teil den perspektivischen Einschlag volkswirtschaftlicher Determinanten.

---

[40] MDG steht für Millennium Development Goal
[41] http://www.bmz.de/de/was_wir_machen/ziele/hintergrund/ziele/millenniumsziele/
[42] http://docupedia.de/zg/Geschichte_der_Entwicklungspolitik

2 Die gesellschaftliche Konstruktion von Wirklichkeit

Entwicklungszusammenarbeit gestaltet sich im Verhältnis zwischen Geber- und Nehmerländern oder Geber- und Nehmergruppen, je nachdem auf welcher Ebene man sich bewegt. Gegeben oder genommen werden finanzielle Hilfsmittel, Wissen im Allgemeinen oder Speziellen über Produktionsmethoden, Organisationstrukturen, Fiskal- und Finanzpolitik oder Technologie. Diese sich im Austausch befindlichen Ideen von Recht und Eigentum, politischen Konzepte, Güter und Dienstleistungen erhalten ihre Eigenschaften und Werte aus einem gesellschaftlichen Kontext heraus, aus gesellschaftlichen Vorstellungen über den Nutzen und Wert der Transferleistungen. Nun sind diese gesellschaftlichen Vorstellungen über Wert und Nutzen zwischen Geber- und Nehmergruppen oft sehr different, was zu einer unterschiedlichen Wahrnehmung in Bezug auf entwicklungspolitische Prozesse führt. Beispielhaft sind Forschungen nach der Kolonialzeit zu den Wertevorstellungen amerikanischer Indianer und Afrikaner zu nennen. Man vertrat aus Perspektive der Kolonialmächte die Meinung, dass amerikanische Indianer und Afrikaner keine Wertvorstellungen besäßen, da sie ihr Land – nach unseren ökonomischen Wertevorstellungen – für bunte wertlose Glasperlen und andere Nichtigkeiten verkauften.

Spätere Untersuchungen zeigten allerdings, dass die indigenen Verkäufer eine ganz andere Vorstellung von Besitz und Eigentum hatten, nämlich die ihrem eigenen Gesellschaftstypus inhärente. Aus ihrer Sicht haben sie sich nicht unwiderruflich und endgültig von ihrem Landanspruch getrennt, sondern lediglich eine Besatzungs- oder Bodennutzungsgebühr bekommen.[43]

Ökonomische Werte sind nicht absolut, sondern unterliegen immer einer kontextuellen Bewertung und sind bedingt durch die Wirklichkeit, in der ein Akteur lebt. Anders als in den Gebergruppen innerhalb der Entwicklungszusammenarbeit ist bei den meisten Nehmergruppen die Wirtschaftsstruktur in die Sozialstruktur eingebettet und Wirtschaftswerte werden durch gesellschaftliche Faktoren festgesetzt, so dass das die Idee marktwirtschaftlichen Nutzens nur schwer vermittelbar ist.

„Diese Unterschiede machen freilich viel aus, sobald ein Angehöriger einer primitiven Gesellschaft den Versuch unternimmt, sich den westlichen Wirtschaftsformen anzupassen. Wenn er ein Arbeitsverhältnis mit einem europäischen Arbeitgeber eingeht oder

---

[43] vgl. Firth, Raymond W.,Orientierung im Wirtschaftsleben, in: Firth, Raymond 1967: Institutionen in primitiven Gesellschaften, Frankfurt/Main

wenn er Getreide für einen kommerziellen Markt produziert, fällt es ihm schwer, die sozialen Elemente aus seinen ökonomischen Berechnungen auszuschließen. Das Ergebnis sind oft Mißverständnisse und Reibereien."[44]

Dieses Zitat von Raymond W. Firth bringt das Phänomen divergenter Wahrnehmung von Wirklichkeiten sehr gut zum Ausdruck. Wirklichkeit oder das, was wir dafür halten, ist sozial und gesellschaftlich determiniert.

Es gibt mehrere Wirklichkeiten oder Realitäten und streng genommen lebt jedes Individuum in seiner eigenen Wirklichkeit oder Realität, die wiederum determiniert ist durch die Historizität und die Gesellschaft, in der das Individuum lebt. Aus ihrem kulturellen Gedächtnis und ihrer Symbolik konstruiert sich seine Wirklichkeit, was ich etwas später noch im Detail erläutern werde.

Man muss sich die Akteure innerhalb der „Wirklichkeiten" als dynamische Gruppen mit Schnittmengen sozialer Erfahrungen vorstellen. Als Individuum besitze ich Wissen, was nur mir eigen ist und ich mit niemand anderen teile – Erfahrungen, Erlebnisse, Sozialisation. Keiner ist auf die exakt gleiche Art und Weise sozialisiert worden und keiner hat exakt dieselbe Wahrnehmung. Ich lebe in meiner „eigenen subjektiven Wirklichkeit". Andere Akteure teilen meine Sprache und den Großteil meines Wissens, zusammen stellt es ein „Jedermannswissen" dar. Sie sind vielleicht sehr ähnlich sozialisiert worden und teilen mit mir durch gleichartige vertraute soziale Erfahrungen eine gemeinsame „objektive Wirklichkeit", eine Alltagswirklichkeit, die eine Schnittmenge meiner „eigenen subjektiven Wirklichkeit" darstellt. Diese Alltagswirklichkeit teile ich zum Beispiel mit meiner Familie, meinen Freunden oder meinem Umfeld. Wirklichkeiten können sich auf meine Umwelt und die dort lebenden Akteure beziehen, mit umweltspezifischen „typischen" Erfahrungen einer Gruppe, wie die von Stadt- oder Landbewohnern. Wirklichkeiten umfassen eine endliche Anzahl an Schnittmengen sozialer Erfahrungen und die Schnittmengen, die ich mit anderen teile, bilden eine „gemeinsame Wirklichkeit". Diese Schnittmenge beinhaltet Elemente wie Habitus[45], Wissensvorrat, Sprache, Moralvorstellungen, Werte, Normen, Regeln, kulturelle Kategorien und vieles mehr. Ich teile also meine „subjektive Wirklichkeit" mit der „objektivierten Wirklichkeit" der Anderen, von meiner Familie bis zu allen Menschen auf dieser Welt. Je größer die Schnittmengen der Wirklichkeiten sind, also die Art sozialer Erfahrungen, desto näher

---

[44] Firth, Raymond W., Orientierung im Wirtschaftsleben, in: Firth, Raymond 1967: Institutionen in primitiven Gesellschaften, Frankfurt/Main, S. 18 – 19

[45] Bourdieu, Pierre, 1976: Entwurf einer Theorie der Praxis auf der ethnologischen Grundlage der kabylischen Gesellschaft, Frankfurt/Main

bin ich der Vorstellung oder der Wahrnehmung des Anderen; je kleiner die Schnittmenge ist, umso weiter bin ich von seinen Vorstellungen entfernt. Im Bourdieu'schen Sinne könnte man sagen, es handelt sich um die endliche Anzahl von Konfigurationen symbolischen, sozialen, kulturellen und ökonomischen Kapitals, welches die Wahrnehmung von Wirklichkeit determiniert und damit auch die soziale Stellung von Gruppen in der Gesellschaft. Daraus lassen sich Kollektivvorstellungen von Wirklichkeit ableiten, was ich im Folgenden auch anwenden möchte.

In dieser Arbeit liegt der Fokus auf der volkswirtschaftlichen und ethnologischen Perspektive bzw. auf der Wahrnehmung und den Vorstellungen von Geber- und Nehmergruppen innerhalb der Entwicklungszusammenarbeit. Die jeweiligen Gruppen haben jeweils eine Schnittmenge „objektiver Wirklichkeit", die nicht miteinander kongruent sind und unterschiedliche Vorstellungen und kulturelle Kategorien beinhalten. In der Begriffsklärung wurden diese Unterschiede bereits deutlich. Diese Vereinfachung dient der Anschaulichkeit. Wissen, was gleich noch genauer definiert wird, und Sprache bilden dabei die elementarsten Komponenten für die Konstruktion von Wirklichkeit. Sie stellen ein Ordnungsprinzip gesellschaftlicher Natur dar und dieses Ordnungsprinzip variiert graduell mehr oder weniger stark zwischen Gruppen, Gesellschaften oder Regionen.

Im folgenden Abschnitt werde ich auf Basis einer Theorie der Wissenssoziologie von Peter L. Berger und Thomas Luckmann mit Verweisen und Erweiterungen theoretischer Annahmen von Pierre Bourdieu, Marshall Sahlins und Edward. E. Evans-Pritchard die gesellschaftliche Konstruktion von Wirklichkeit erläutern, um später diese theoretischen Ausführungen an der volkswirtschaftlichen und ethnologischen Perspektive innerhalb der Entwicklungszusammenarbeit zu veranschaulichen.

2.1 Sprache, Wissen und Wirklichkeit

Um das Phänomen unterschiedlicher Wahrnehmung fassen zu können, müssen zuerst die Begriffe „Wirklichkeit" und „Wissen" definiert werden. „Wirklichkeit" definiert sich hier als Qualität von Phänomenen, die ungeachtet unseres Wollens vorhanden sind, die wir zwar verwünschen können, aber nicht wegwünschen.[46] „Wissen" definiert sich

---

[46] vgl. Berger, Peter L./ Luckmann, Thomas, 1991: Die gesellschaftliche Konstruktion von Wirklichkeit, Frankfurt/Main

als die Gewissheit, dass Phänomene wirklich sind und bestimmbare Eigenschaften aufweisen.[47] Die unterschiedliche Wahrnehmung der Akteure begründet sich durch die gesellschaftliche Relativität von „Wissen" und „Wirklichkeit". Was für einen afrikanischen Bauern „wirklich" ist, muss nicht für einen leitenden Angestellten der Weltbank „wirklich" sein. Das „Wissen" eines Agrarwissenschaftlers ist ein anderes als das des Bauern. Das heißt, bestimmte gesellschaftliche Gruppierungen haben bestimmte Konglomerate von „Wissen" und „Wirklichkeit" und „Wirklichkeit" ist von „Wissen" determiniert. Wenn mehrere Akteure, wie eine Gruppe, eine Wirklichkeit teilen, bedeutet das, dass sie auch ein bestimmtes „Wissen" teilen. Dieses gemeinsame Wissen wird folgend als „Alltagswissen" bezeichnet und dieses gemeinsame Wissen, was alle Akteure einer Gruppe haben, bildet die Bedeutungs- und Sinnstruktur der Gruppe. Sie ist elementar für jede menschliche Gesellschaft. Das „Alltagswissen" reguliert das Verhalten in der Alltagswelt der „Alltagswirklichkeit".

Gesellschaft als solche trägt einen Doppelcharakter als „objektive Faktizität" und subjektiv gemeinter Sinn, der Gesellschaft zu „Realität sui generis"[48] macht.[49] Objektive Faktizität wird in der Alltagwirklichkeit deutlich. Die Alltagswelt, in der ein Akteur sich bewegt, wird als eine Wirklichkeitsordnung erfahren. Sie besteht aus Objektivationen, die bereits vorhanden waren, noch bevor der Akteur geboren wurde, und sie sind ihm als objektiver Fakt voll bewusst. Genauso weiß der Akteur, dass er die Alltagswelt mit anderen Akteuren teilt und sie stellt somit eine intersubjektive Welt dar. Das Objekt als solches hat für ihn subjektiv Sinn und in der Sprache, in der das Objekt zum Ausdruck kommt, wird es für alle Akteure der Alltagswelt objektiviert. Ein Acker ist als Objekt für alle Akteure der Alltagswelt ein Acker und alle wissen, wozu er da ist und was er objektiv für einen Sinn hat, aber jeder Akteur nimmt ihn ein wenig anders wahr, je nachdem, was er für einen subjektiven Bezug zu ihm aufweist. Ob er nun der Bauer ist, der ihn bestellt, oder ein Künstler, der ihn malt – beide „wissen", dass er „wirklich" ist, aber die Relevanz-Struktur der Bedeutung ist für die jeweiligen Akteure subjektiv.

Der Akteur weiß auch, dass es woanders ebenfalls einen Acker gibt, den er noch nie gesehen hat, in einer Wirklichkeit, die nicht sein „Hier und Jetzt" umfasst, sondern ein „Dort" mit weiteren anonymen Akteuren. Sein „Wissen" um einen Acker als Objektivation gibt ihm eine subjektive Vorstellung davon. Die Objektivation, Typisierung und

---

[47] vgl. ebd.
[48] Durkheim, Émile, 1970: Die Regeln der soziologischen Methode, Berlin: Luchterhand
[49] vgl. Berger, Peter L./ Luckmann, Thomas, 1991: Die gesellschaftliche Konstruktion von Wirklichkeit, Frankfurt/Main

Versprachlichung helfen dem Akteur, sich in der Alltagswirklichkeit zu orientieren und sich Wirklichkeiten vorzustellen, die er nicht direkt erfahren hat oder nur vom Hörensagen kennt.

„Die soziale Erfahrung des Menschen ist die Aneignung spezifisch wahrgenommener Gegenstände durch allgemeine Begriffe. Die Menschen und die Gegenstände ihrer Existenz werden nach einem Schema von kulturellen Kategorien geordnet, das niemals das einzig mögliche, sondern in dem Sinne willkürlich und historisch gewachsen ist."[50] Es gibt Wirklichkeiten, die nichts mit seiner Alltagswelt zu tun haben, in denen andere Ordnungsprinzipien herrschen, geschlossene Sinnstrukturen, wie Träume, Theater, Filme, die von der Alltagswirklichkeit ablenken – sozusagen Enklaven in der Alltagswirklichkeit, in die man hineinspringt. Der Vorhang des Theaters symbolisiert den Ein- und Ausgang zu diesen „Enklaven-Wirklichkeiten". Zur Objektivation des Erlebten in dieser Enklaven-Wirklichkeit, um sie anderen Akteuren mitzuteilen, hat der Akteur lediglich seine Alltagssprache. Das heißt, er verzerrt die „Enklaven-Wirklichkeit" dadurch, dass der Akteur die anderen Ordnungsprinzipen der „Enklaven-Wirklichkeit" in versprachlichte Ordnungsprinzipien der Alltagswirklichkeit übersetzt.

„[...] Sprachen sind zu einem ständigen Mangel an Übereinstimmung zwischen dem Wort und dem Ding verurteilt [sic!] manchmal ist der Ausdruck zu weit, manchmal zu eng gefaßt [...]. Es ist unmöglich, irgendeinen Gegenstand erschöpfend zu beschreiben."[51]

Sprache ist die Objektivation subjektiven Sinns und verleiht damit den vorhandenen Unterschieden einen bestimmten Wert, welcher in der gesellschaftlichen Eigenart die objektive Wirklichkeit konstituiert.

Die Face-to-face-Situation bildet den Prototypen gesellschaftlicher Interaktion, wo das „Hier und Jetzt" für beide Akteure zusammenfällt und ein ständiger reziproker Austausch subjektiver Seinszustände stattfindet.[52] Trotz der Einzigartigkeit subjektiver Seinszustände nimmt ein Akteur den anderen in Form von Typisierungen wahr, über welche sein Alltagswissen und die Alltagswirklichkeit verfügt und mit deren Hilfe der eine den anderen klassifizieren und einordnen kann, zum Beispiel „einen typischen Geschäftsmann im Anzug" oder „einen typischen Bauern in Gummistiefeln". Bestimmte Objekte, die der Akteur beim Gegenüber wahrnimmt, assoziiert er auf Grund seines

---

[50] Sahlins, Marshall David, 1992: Inseln der Geschichte, Hamburg, S. 142
[51] Sahlins, Marshall David, 1992: Inseln der Geschichte, Hamburg, S. 145
[52] vgl. Berger, Peter L./Luckmann, Thomas, 1991: Die gesellschaftliche Konstruktion von Wirklichkeit, Frankfurt/Main

„Wissens" mit bestimmten Eigenschaften und klassifiziert ihn so in eine bestimmte kulturelle Kategorie. Diese Objektivationen bestimmen permanent das Verhalten und die Reaktionen der Akteure und die Verhaltensmuster sind ihrem „Wissen" inhärent. Ein gutes Beispiel bildet eine Käufer-Verkäufer-Situation, wo „jedermann" weiß, welche Rolle, welcher „Typ", er gerade ist, wie er sich verhalten muss und was er von seinem Gegenüber erwarten kann.

Der Grad der Direktheit oder Indirektheit ist für den Grad der Typisierung bei Erfahrungen mit anderen Akteuren von großer Relevanz. Während der Akteur bei einer Face-to-face-Situation eine direkte Evidenz seines Gegenübers, seiner Handlungen, Reaktionen und Eigenschaften hat, nimmt der Grad der Typisierung mit zunehmender Anonymität auch zu, also je weiter jemand vom „Hier und Jetzt" entfernt ist, als desto abstrakter wird er wahrgenommen. Dann sind es nur noch „die Bauern" oder „die Vorfahren" ohne Gesicht (oder ein Gesicht für alle) und ohne individuelle Prägung. Und doch sind die anonymsten Objektivationen und Typisierungen eine Form von Objektivation, ein sehr elementarer Teil der Alltagswirklichkeit.

Die Alltagswirklichkeit ist voll von Objektivationen und auch nur wegen dieser Objektivationen wirklich[53]. Der Akteur ist permanent umgeben von Objekten, die subjektive Intentionen der anderen Akteure mitteilen, auch wenn der Akteur sich den Intentionen anderer nicht immer sicher ist. Jeder Ethnologe ist sich dieser Schwierigkeit bewusst, wenn er versucht aus Artefakten auf die Intention der von ihm untersuchten Gesellschaft zu schließen.

Ein sehr wichtiger Fall von Objektivationen ist, wie bereits erwähnt, die Sprache als vokales Zeichensystem. Durch sie erhalten sich Objektivationen in der Alltagswirklichkeit erst und haben längerfristig Bestand. Sprache ermöglicht es dem Akteur, außerhalb der Face-to-face-Situation „[...] Fähigkeit, Sinn, Bedeutung, Meinung zu vermitteln, die nicht direkter Ausdruck des Subjekts ‚hier und jetzt' sind"[54]. Sie ist Wissensspeicher und reproduziert damit permanent die Alltagswirklichkeit, indem sie dem Akteur als objektive Faktizität gegenübertritt und ihn in seine Struktur zwingt. Sprache objektiviert, indem sie erlaubt, die vom Akteur gesammelten Erfahrungen in Kategorien einzuordnen, mit denen seine Erfahrungen auch für die anderen Akteure Sinn machen. Sie ordnet spezielle Erfahrungen permanent unter eine allgemeine Sinnordnung, welche

---

[53] vgl. ebd.
[54] Berger, Peter L./ Luckmann, Thomas, 1991: Die gesellschaftliche Konstruktion von Wirklichkeit, Frankfurt/Main, S.39

objektiv und subjektiv wirklich ist.[55] Sprache transzendiert das „Hier und Jetzt" und schafft es, dem Akteur durch das Überspannen verschiedener räumlicher, zeitlicher und gesellschaftlicher Dimensionen die Wirklichkeit der Alltagswelt als ein sinnhaftes Ganzes erscheinen zu lassen. Er kann sich durch Sprache eine ganze Welt von Objektivationen im Kopf entstehen lassen. Er kann sich alle potenziellen Wirklichkeiten außerhalb seiner Alltagswirklichkeit innerhalb seiner von Wissen determinierten Sinn- und Bedeutungsstruktur vergegenwärtigen. Er kann einen Traum deuten durch seine Versprachlichung in der Ordnungsstruktur seiner Alltagswirklichkeit und ihm so einen „Sinn" im Sinne seiner Alltagswirklichkeit geben.[56] Sprache klassifiziert Objekte nach Geschlecht oder Anzahl, Aussagen über Tun oder Sein und bestimmt Grade gesellschaftlicher Intimität, teilt diese in öffentliche oder private Kategorien und bringt so Ordnung in die gesellschaftlichen Beziehungen eines Akteurs. Das Duzen und Siezen drücken die Objektivationen gesellschaftlicher Nähe aus. Sprache begründet semantische Felder und grenzt diese ab. In semantischen Feldern wird entschieden, welches Wissen die Gesellschaft im Wissensvorrat speichert und an die nächste Generation weitergibt oder ob das Wissen vergessen und als nicht relevant erachtet wird. Marshall Sahlins spricht in dem Zusammenhang nicht nur von semantischen Feldern, sondern von kulturellen Propositionen.[57] Jedem Akteur, der an diesem Wissensvorrat teilhat, ermöglicht dieser Wissensvorrat eine Verortung und eine seinem gesellschaftlichen Status entsprechende Behandlung seiner Person innerhalb seiner Gesellschaft. Wieder kann man in diesem Zusammenhang auf Bourdieu und sein Habitus-Konzept[58] verweisen, denn das Wissen der Akteure beinhaltet in diesem Sinne auch ein Wissen über habituelle Strukturen.

Im Wissensvorrat wird die Wirklichkeit nach Graden der Vertrautheit sozialer Erfahrungen unterschieden. Er liefert routiniert Handlungsweisen für sein tägliches Tun. Die Tätigkeiten, die ein Akteur ständig ausführt und die ihm vertraut sind, wie die des Bauern, seinen Acker zu bestellen, gehen ihm „in Fleisch und Blut" über. Sie sind von größter Relevanz für seine Wirklichkeit. Er führt sie aus, ohne darüber nachdenken zu müssen, es sind Sinnzonen der Vertrautheit, seine „wirklichste" Wirklichkeit.

---

[55] vgl. Berger, Peter L./ Luckmann, Thomas, 1991: Die gesellschaftliche Konstruktion von Wirklichkeit, Frankfurt/Main
[56] vgl. ebd.
[57] Sahlins, Marshall David, 1981: Kultur und Praktische Vernunft, Frankfurt/Main, S. 97
[58] vgl. Bourdieu, Pierre, 1976: Entwurf einer Theorie der Praxis auf der ethnologischen Grundlage der kabylischen Gesellschaft, Frankfurt/Main

Für die Sinnzonen der Fremdheit, denn er weiß nicht alles, was die anderen Akteure wissen, verfügt er über Rezeptwissen. Es handelt sich um Zonen die für ihn wenig Relevanz besitzen. Er weiß zwar nicht, wie er ein Haus bauen soll, aber er weiß, an wenn er sich wenden muss, um eines zu bauen. Auch dieses Rezeptwissen ist Teil des Alltagswissens.

Das Alltagwissen des Akteurs ist also nach Relevanzen strukturiert, welche sich durch sein unmittelbares Tun und seinen Platz innerhalb der Gesellschaft ergeben. Auch dem gesamtgesellschaftlichen Wissensvorrat ist eine gesamtgesellschaftliche Relevanz-Struktur inhärent, ähnlich der individuellen Praxis beziehen sich diese Relevanz-Strukturen einer Gesellschaft auf die gesamtgesellschaftliche Praxis und ihre Stellung in der Welt.[59]

2.2 Habitus und Institutionalisierung

Aber wie konstruieren sich Wissensvorrat und Objektivationen? Um das zu beantworten, muss zu den Anfängen gesellschaftlicher Tätigkeit zurückgekehrt und gezeigt werden, wie Tätigkeiten habitualisiert und dann institutionalisiert werden.

Die Sozialisation und Menschwerdung als solches finden immer in Wechselwirkung mit seiner natürlichen und gesellschaftlichen Umwelt statt. Die Ausbildung seines Selbst, und darum geht es hier, ist dabei sowohl mit seiner organismischen Entwicklung wie auch mit den gesellschaftlichen Gegebenheiten verbunden. Die biologischen Voraussetzungen sind dafür von Geburt an gegeben, aber was er später als subjektive und objektive Identität wahrnimmt, ist gesellschaftlich und kulturell determiniert.[60] Man denke nur an die zahlreichen ethnologischen Untersuchungen zu den Geschlechterrollen in verschiedenen Gesellschaften. Die gesellschaftliche Determinierung erklärt sich aus der bewussten Beziehung des Menschen zu seinem Körper. Zum einen *hat* der Mensch einen Körper und gleichzeitig *ist* er sein Körper. Das bedeutet, er nimmt sich als etwas wahr, was nicht identisch ist mit seinem Körper, den er „selbst" bewusst kontrollieren und in seiner natürlichen und gesellschaftlichen Umwelt bewegen kann. Er kann sich „selbst" mit Hilfe seines Körpers ausdrücken, also subjektiv gemeinten Sinn externali-

---

[59] Welt stellt in diesem Zusammenhang eine anthropologische Dimension dar, die als unausschöpfbarer Hintergrund für jede Art von artikulierter Wirklichkeit fungiert.
[60] vgl. Berger, Peter L./Luckmann, Thomas, 1991: Die gesellschaftliche Konstruktion von Wirklichkeit, Frankfurt/Main

sieren, und das wird ihm von Geburt an von den bereits vorhandenen Akteuren in ihrer kulturrelevanten Form vermittelt. Das heißt, Menschsein ist sozio-kulturell variabel und findet immer in Wechselwirkung mit seiner gesellschaftlichen Umwelt statt.

„So unmöglich es dem Menschen ist, sich in völliger Vereinzelung zum Menschen zu entwickeln, so unmöglich ist es ihm auch, in der Vereinzelung eine menschliche Umwelt zu produzieren [...] *Homo sapiens* ist auch immer *homo socius*."[61]

Das Zitat zeigt, dass menschliches Handeln auch immer eine gesellschaftliche Tat ist. Die Gesellschaft produziert den Menschen und der Mensch produziert die Gesellschaft sowie die gesellschaftliche Ordnung durch ständige Externalisierungen. Sie stellt also eine Dialektik von Subjekt und Objekt dar. Das heißt, die Gesellschaftsordnung ist ein Produkt menschlichen Tuns, sowohl aus vorangegangenem Tun, was ihr eine gewisse Historizität und Kontinuität verleiht, als auch aus gegenwärtigem Tun, was ihr eine gewisse Dynamik und Anpassungsfähigkeit für neue Erfahrungen vermittelt. Die gesellschaftliche Ordnung stellt eine biologische Notwendigkeit dar, da die körperliche Instabilität des Menschen[62] ihn dazu zwingt, wenngleich keine Gesellschaftsordnung biologisch abgeleitet werden kann. Man kann also in dem dialektischen Prozess sehen, dass dichotome Annahmen, wie dass die Kultur der Natur gegenübersteht oder dass Kontinuität und Dynamik sich gegenseitig ausschließen, keinen Bestand haben.

Man sieht, „[...] daß die Kultur eine Synthese von Stabilität und Veränderung, Vergangenheit und Gegenwart, Diachronie und Synchronie ist. Jede Praktische [sic!] Veränderung ist auch eine kulturelle Reproduktion."[63]

Der Zwang eines Menschen, sich zur Reproduktion seiner selbst und seiner Gesellschaft auf Grund der Grenzen seiner biologischen Konstitution gesellschaftlich zu ordnen, zwingt ihn auch zu immer wiederkehrenden habitualisierten Handlungen, die ihm in jeder bekannten Situation entsprechende Handlungsmuster zur Verfügung stellen. Dies spart ihm jede Menge Energie, Kraft und die „Bürde der Entscheidung"[64], da er nicht jede Situation neu eruieren muss und „aus dem Bauch heraus" die entsprechenden Handlungen auch in Zukunft ausführt. Der Akteur hat die Handlung durch ständige Wiederholung habitualisiert und Habitualisierung geht jeder Institutionalisierung voraus.

---

[61] Berger, Peter L./Luckmann, Thomas, 1991: Die gesellschaftliche Konstruktion von Wirklichkeit, Frankfurt/Main, S. 54
[62] der Zwang zur Nahrungsaufnahmen und -sicherung zu Reproduktionszwecken
[63] Sahlins, Marshall David, 1992: Inseln der Geschichte, Hamburg, S. 141
[64] Berger, Peter L./Luckmann, Thomas, 1991: Die gesellschaftliche Konstruktion von Wirklichkeit, Frankfurt/Main, S. 57

Institutionalisierung ist das durch Typen reziproke Typisieren habitualisierter immer wiederkehrender Handlungen von mindestens zwei Akteuren, und jede Typisierung, die so vorgenommen wird, ist eine Institution. Die Typisierungen werden Allgemeingut und gehören zum allgemeinen Wissensvorrat. Die Institutionen wiederum machen aus den Akteuren typisierter Handlung bestimmte Typen.[65] Man erkannt wieder die Dialektik in dem Prozess, welche uns schon die ganze Zeit begleitet.

Historizität und Kontrolle bilden die Voraussetzungen für das Fortbestehen von Institutionen, und das erreichen sie schon durch ihr bloßes Vorhandensein. Das reziproke Typisieren von Handlungsmustern ist ein historischer Prozess, wodurch die Institution diese Handlung in *ihrer* habitualisierten Art und Weise festlegt, ohne Rücksicht auf Handlungsalternativen, die theoretisch möglich wären, und so Kontrolle ausübt. Das drückt sich gut in der Redensart aus: „Theoretisch ja, praktisch nein". Die Historizität der Institution wird mit einer folgenden Generation von Akteuren nochmals zementiert und die Institution als solches objektiviert. Sie war da, bevor sie geboren wurde, und wird von der folgenden Generation als „natürlicher" Bestandteil ihrer gesellschaftlichen Umwelt wahrgenommen werden. Der Akteur der neuen Generation handelt unreflektiert in „ihrem Sinne" – nach dem Motto „Das macht man so" werden die Handlungen somit für die anderen Akteure mit dem gleichen Wissensvorrat voraussehbar. Die Institutionen haben nun mit ihrer Objektivierung ihre eigene Wirklichkeit als „objektivierte Faktizität". Die Generation, welche diese Institution durch die oben beschriebenen Vorgänge geschaffen hat, kann sich an deren Entstehung und ihren Wirklichkeitscharakter als Phänomen noch erinnern, was ungeachtet ihres Wollens vorhanden ist, ist so noch nicht existent. Erst bei der folgenden Generation, der diese Institution als gegeben durch Praxis und Sprache vermittelt wird, wird der Grad an Objektivität, als objektiver Bestandteil ihrer „Welt", als Teil ihrer Wirklichkeit erreicht.

Institutionen sind vergegenständlichte gesellschaftlich habitualisierte Tätigkeit und als solche für ein Kind einfach objektiv und subjektiv vorhanden, also objektive Faktizität, ein Teil seiner Alltagswirklichkeit.[66] Sprache genau wie Institutionen erscheinen einem Kind bei seiner Sozialisation als „natürlich" gegeben. Sie ist einfach da, als Teil seiner Wirklichkeit, vor seiner Geburt und nach seinem Tod. Sprache ist Objektivation und in zementierter Form Vergegenständlichung, ein Produkt menschlichen Handelns, Äuße-

---

[65] vgl. Berger, Peter L./Luckmann, Thomas, 1991: Die gesellschaftliche Konstruktion von Wirklichkeit, Frankfurt/Main
[66] vgl. Berger, Peter L./Luckmann, Thomas, 1991: Die gesellschaftliche Konstruktion von Wirklichkeit, Frankfurt/Main

rungen vormals subjektiven Sinns. Die dialektische Eigenart, in der sich die gesellschaftlich objektivierte Wirklichkeit manifestiert, kommt darin zum Ausdruck, dass der Mensch fähig ist, eine gesellschaftliche Ordnung zu produzieren, in der er sich selbst nicht als Produzent sieht, sondern als Produkt derselben. Die Bestandteile dieses dialektischen Prozesses sind die Entäußerung subjektiven Sinns und die Vergegenständlichung habitualisierter Tätigkeit. Externalisierung, Objektivation und Internalisierung durch die folgende Generation bilden das dialektische Dreigestirn der gesellschaftlichen Wirklichkeit.[67]

Der Anteil institutionalisierter Tätigkeiten in einer Gesellschaft hängt dabei von ihren Relevanz-Strukturen ab. Wenn viele Relevanz-Strukturen für eine Gesellschaft allgemein verbindlich sind, wie es in moralökonomisch basierten Gesellschaften der Fall ist, liegt der Anteil institutionalisierter Tätigkeiten sehr hoch. Bei wenig verbindlichen Relevanz-Strukturen, wie in stark arbeitsteiligen marktökonomisch orientierten Gesellschaften, fällt ihr Anteil geringer aus.[68]

Gesamtgesellschaftlich betrachtet, stellen institutionalisierte Verhaltensvorschriften dabei aber kein logisches oder funktionales Gesamtsystem dar. Sie funktionieren eigenständig, so dass man sie es eher milieuspezifisch betrachten muss. Sicherlich gibt es einige gesamtgesellschaftliche wirklichkeitsbestimmende Relevanz-Strukturen, aber der Großteil von institutionalisiertem Verhalten betrifft Relevanzen für bestimmte Milieus. Das heißt, die verschiedenen Institution müssen, um zu funktionieren, nicht in ein zusammenhängendes System integriert sein, auch wenn der Akteur dazu neigt, seine gesammelten Erfahrungen in einen biographischen Zusammenhang zu bringen und sie in seine Bedeutungs- und Sinnstruktur zu integrieren.

„Die Logik steckt nicht in den Institutionen und ihrer äußeren Funktionalität, sondern in der Art, in der über sie reflektiert wird. Anders ausgedrückt: das reflektierende Bewusstsein überlagert die institutionale Ordnung mit seiner eigenen Logik."[69]

Das heißt auch, die objektivierte Wirklichkeit erhält ihre Logik durch Sprache, denn der Akteur reflektiert in Sprache und durch soziale Erfahrungen. Die ganze institutionelle Ordnung, die gesellschaftlichen Ordnungsprinzipien, werden hauptsächlich durch Sprache legitimiert und gerechtfertigt. Die Logik ist damit Teil des gesellschaftlichen

---

[67] vgl. ebd.
[68] Berger, Peter L./Luckmann, Thomas, 1991: Die gesellschaftliche Konstruktion von Wirklichkeit, Frankfurt/Main, S. 84
[69] Berger, Peter L./Luckmann, Thomas, 1991: Die gesellschaftliche Konstruktion von Wirklichkeit, Frankfurt/Main, S. 68 – 69

Wissensvorrates und wird damit als gegeben hingenommen. Aus dem gesellschaftlichen Wissensvorrat, welcher eine institutionelle Legitimierung beinhaltet, erscheinen Institutionen als logische zusammenhängende Folge eines biografischen Werdegangs des Akteurs. Aber was passiert, wenn die Institutionen zum Problem werden?

2.3 Legitimation von Institutionen

Institutionen werden, wie bereits erwähnt, zum einen durch ihre bloße Existenz legitimiert, aber auch durch versprachlichte theoretische und vortheoretische Konstruktionen, die durch bestimmte Typen und Rollen vermittelt werden. Legitimation findet statt durch eine Art Spezialwissen, wie Legitimationstheorien für bestimmte Institutionen, für bestimmte Ausschnitte der Wirklichkeit. Es handelt sich um einen Wissensbestand, der durch eine hohe Arbeitsteiligkeit entsteht und mit der Tätigkeit im Einzelnen zu tun hat – ein Wissen, welches die Erfahrung bestätigt und systematisiert, durch Sozialisation als objektive Wahrheit an die nächste Generation weitergegeben wird und so zur subjektiven Wirklichkeit wird. Man kann dies auch als überlieferte Tradition bezeichnen, eine zur Erinnerung geronnene versprachlichte Erfahrung, die von bestimmten „Typen" überliefert wird.

Wer diese „Typen" sind, denen das Spezialwissen überliefert wird, ist Sache der gesellschaftlichen Ordnungsprinzipien und bedingt dadurch, welche gesellschaftliche Rolle ein Akteur einnimmt. Bei der Typisierung von Handlungsweisen, wodurch nach dialektischem Muster auch der Akteur typisiert wird, der diese spezielle Handlung mit dem verbundenen Spezialwissen ausführt, wird ihm eine bestimmte Rolle zugewiesen. Beispielhaft wäre die Berufsberatung, wo dem Akteur auf Grundlage seiner Erfahrungen und Interessen ein bestimmtes Berufsfeld „zugewiesen" wird, das seiner Rolle entspricht. Diese Rolle macht auch für jeden anderen Akteur objektiv Sinn und ist sprachlich objektiviert in ihrer Relevanz-Struktur erkennbar.[70] Die Typisierung stellt sein „gesellschaftliches Selbst" dar, als Träger einer Rolle, eines gesellschaftlich objektivierten Verhaltenstypus. Er ist ein Typ, der von jedem anderen Akteur, der sein „Alltagswissen" teilt, als solcher erkannt wird. Diese Rollen und das damit verbundene institutionalisierte Rollenspiel sind in standardisierter Form dem gesamtgesellschaftli-

---

[70] vgl. Berger, Peter L./Luckmann, Thomas, 1991: Die gesellschaftliche Konstruktion von Wirklichkeit, Frankfurt/Main

chen Wissensvorrat inhärent. Jede Rolle verfügt dabei über ihre eigenen institutionalisierten Regeln, die als Teil der Tradition gelehrt werden und den Träger der Rolle zugleich als solchen erkennbar machen. Man stelle sich nur wieder eine Käufer-Verkäufer Situation vor.

Rollen haben den gleichen Habitualisierungs-, Objektivierungs- und Internalisierungsursprung wie die Institutionen selbst und legitimieren sowie kontrollieren diese. Rollen repräsentieren die Gesellschaftsordnung auf zwei Ebenen – zum einen durch die Rolle selbst und zum anderen durch ihr wiederkehrendes Verhaltensmuster – und sind so als „wirklich" erfahrbar. Somit wird das „Erkennen eine Art Wiedererkennen: Das Ereignis wird in eine vorgegebene Kategorie eingeordnet, und die Geschichte ist im aktuellen Handeln präsent"[71], was sowohl die Rolle als auch ihre institutionelle Zuschreibung durch ihre Historizität legitimiert. Einige Rollen vergegenwärtigen die gesellschaftliche Ordnung sogar in ihrer Gesamtheit und ihrer Totalität oder haben gar keine andere Funktion als die symbolische Repräsentanz der institutionellen Ordnung als sinnhaftes Ganzes. Beispielhaft wären die Rollen der Bundeskanzlerin oder des Bundespräsidenten.

Für unsere Analyse der volkswirtschaftlichen und ethnologischen Wirklichkeit sind die Rollen, die einen spezielleren Wissensbestand bezüglich der institutionellen Ordnung repräsentieren, von größerer Bedeutung. Das spezifizierte Wissen der Rollenträger impliziert eine Verteilung des gesellschaftlichen Wissensvorrates nach der Relevanz für diese spezialisierten Rollen. Man kann sagen, dass mit zunehmender Arbeitsteilung in einer Gesellschaft das rollenspezifische Wissen und die Differenzierungen von Institutionen ebenfalls zunehmen.[72] Die Bedingung dafür sind wirtschaftliche Überschüsse, die es dem Einzelnen erst ermöglichen, spezialisierten Tätigkeiten nachzugehen, die nicht mit direkter Reproduktion zu tun haben. Diese Spezialisierung und Aufgliederung des gesamtgesellschaftlichen Wissensvorrats machen ein reines Theoriewissen erst möglich, welches sich subjektiv von jeder alltäglichen gesellschaftlichen Relevanz löst, da es nur bestimmten Typen oder Spezialisten vorbehalten ist. Für die Alltagswirklichkeit ist es lediglich wichtig, dass ihr Wissensvorrat eine Typologie der Spezialisten beinhaltet, die es den Akteuren der Alltagswirklichkeit ermöglicht zu wissen, welches Spezialwissen welcher Spezialist besitzt, um es bei Bedarf von ihm abzurufen. Dieses Spezialwissen

---

[71] Sahlins, Marshall David, 1992: Inseln der Geschichte, Hamburg, S. 143
[72] vgl. Berger, Peter L./Luckmann, Thomas, 1991: Die gesellschaftliche Konstruktion von Wirklichkeit, Frankfurt/Main

muss in einer objektivierten versprachlichten Form vorhanden sein, damit es in der Bedeutungsstruktur der Alltagswirklichkeit objektiv Sinn macht. Der Spezialist ist also ein Vermittler zwischen „den Makro-Sinnwelten einer Gesellschaft und den Formen, in denen diese Sinnwelten für den Einzelnen Wirklichkeitscharakter erhalten [...]"[73].

Aus dieser Form von Spezialisierung und damit institutioneller Differenzierung können gesellschaftlich abgetrennte Subsinnwelten entstehen, welche strukturell determiniert sind durch Faktoren wie Geschlecht, Alter, Beruf, Religion oder bestimmte Vorlieben. Diese Sinnkonstruktionen müssen auch wieder von den Akteuren einer Gemeinschaft entsprechend objektiviert und getragen werden. Diese perspektivische Vielfalt der Subsinnwelten, mit ihren entsprechenden Theorien und Annahmen, steht in Konkurrenz zueinander und wird getragen von den Interessen der Akteure, welche die entsprechende Subsinnwelt objektiviert haben. Diese Interessen sind nicht die Interessen der gesamtgesellschaftlichen Akteure. So kann sich eine Sinnwelt der Volkswirtschaft von ihrer gesellschaftlichen Grundlage völlig unabhängig machen.[74] Darauf werde ich in der Geschichte zur Volkswirtschaft noch zurückkommen. Trotz der Ablösung von der Alltagswirklichkeit hat der Wissensbestand einer Subsinnwelt, da er sich aus der Gesamtgesellschaft emanzipierte, die Möglichkeit, auf selbige zurückzuwirken, denn die Relation zwischen gesellschaftlicher Grundlage und Wissen ist, wie ich gezeigt habe, dialektischer Natur. Durch ihre Ablösung von der allgemeinen Gesamtgesellschaft und ihre hermetisch versiegelten Enklaven von „Geheimwissen" wird es für den gesamtgesellschaftlichen Akteur immer schwieriger, Zugang zu diesen Subsinnwelten zu erhalten. Damit bekommt die Subsinnwelt selbst gesamtgesellschaftliche Legitimationsprobleme. Um dem entgegenzutreten, argumentieren die Akteure der Subsinnwelten mit Legitimierungsversuchen wie Einschüchterungsversuchen, Propaganda, Irreführungen, wissenschaftlichen Beweisen und vieles mehr. Beispielhaft wären die Legitimationsversuche der Finanzmarktakteure.

Um so ein Legitimationsproblem zu lösen, bietet sich am ehesten die Integration solcher Institutionen in die gesamtgesellschaftliche Wirklichkeit an, das heißt die Objektivierung und Verdinglichung solcher Enklaven, als naturgegebenes Ding, eine evolutionsbedingte, unausweichliche, vom Menschen nicht zu beeinflussende Folge von Entwicklung, ein kosmisches Gesetz. So wird Institutionen ein ontologischer Status verliehen.

---

[73] Berger, Peter L./Luckmann, Thomas, 1991: Die gesellschaftliche Konstruktion von Wirklichkeit, Frankfurt/Main, S. 83
[74] vgl. Berger, Peter L./Luckmann, Thomas, 1991: Die gesellschaftliche Konstruktion von Wirklichkeit, Frankfurt/Main

Verdinglichung ist sowohl in vortheoretischen Schichten, also durch habitualisierte Praxis, als auch in theoretischen Schichten, also durch intellektuelle Reflexion des Bewusstseins, möglich, bis hin zur totalen Identifikation des Akteurs mit der ihm gesellschaftlich zugeschriebenen Typisierung.[75]

Auch wenn die Rollen, die diese Akteure in den Institutionen „spielen", und die damit verbundene institutionelle Ordnung durch ihre permanente Praxis am „wirklichsten" repräsentieren und legitimieren, benötigen sie auch noch andere Formen der Repräsentation – die sprachliche Vergegenständlichung und das Symbol.

2.4 Zur Konstruktion symbolischer Sinnwelten

Die sprachlichen Verweisungen, mittels derer die Enklaven der Spezialisten abgelöster Wirklichkeitsbereiche oder Subsinnwelten und die Alltagswirklichkeit überbrückt werden, können als Symbole bezeichnet werden.[76] Und die Art und Weise, wie dies geschieht, kann als symbolische Sprache bezeichnet werden. Sie bilden als Symbolsysteme, wie Wissenschaft, Politik oder Wirtschaft, eine Art „Überbau" für die Alltagswirklichkeit, und auch wenn sie für deren Akteure nicht direkt erfahrbar sind, so wirken sie als objektivierte Elemente doch sehr stark zurück. Sie werden zu natürlichen Elementen ihrer Alltagswirklichkeit, welche die Akteure tagtäglich als Symbole umgeben.

Die Konstruktion symbolischer Sinnwelten ist eine Folge des Legitimierungsprozesses. Sie soll den in den verschiedenen Subsinnwelten und in der Alltagswirklichkeit beteiligten Akteuren eine gemeinsame Sinn- und Bedeutungsstruktur geben. Dies geschieht zum einen dadurch, dass die verschiedenen Rollen und Institutionen eine zusammenhängende Sinnhaftigkeit als Ganzes, als institutionelle Ordnung, bekommen, das setzt ein Wissen über die verschiedenen Rollen innerhalb der Gesamtstruktur voraus, und zum anderen dadurch, dass der Lebenslauf eines einzelnen Akteurs als Abfolge institutionell vorformulierter Lebensabschnitte Sinn macht und subjektiv plausibel erscheint.[77] Diese Form von Legitimation institutioneller Ordnung findet auf vier verschiedenen Ebenen statt. Die erste Ebene ist ein System sprachlicher Objektivationen gesellschaftli-

---

[75] Berger, Peter L./Luckmann, Thomas, 1991: Die gesellschaftliche Konstruktion von Wirklichkeit, Frankfurt/Main, S. 96
[76] Berger, Peter L./Luckmann, Thomas, 1991: Die gesellschaftliche Konstruktion von Wirklichkeit, Frankfurt/Main, S. 42
[77] vgl. Berger, Peter L. Luckmann, Thomas, 1991: Die gesellschaftliche Konstruktion von Wirklichkeit, Frankfurt/Main

cher Erfahrungen, so dass die Erklärungen für die Legitimierung der institutionellen Ordnung von Generation zu Generation weitergegeben werden können. Die zweite Ebene umfasst theoretische Postulate in einfachster Form, die objektive Sinnstrukturen, was die direkte Praxis betrifft, miteinander verbinden. Dazu gehören Lebensweisheiten oder Märchen. Die dritte Ebene betrifft ausdrücklich spezifizierte Legitimationstheorien, die institutionelle Enklaven in Form und anhand eines spezialisierten Wissensbestandes, also reiner Theorie, erklären. Dies betrifft die typisierten Rollen der Enklaven-Wirklichkeit. Die vierte und letzte Ebene konstruiert die symbolischen Sinnwelten.[78] Diese integrieren die verschiedenen Subsinnwelten oder Enklaven-Wirklichkeiten, die auf der dritten Ebene im Einzelnen legitimiert wurden, in die Alltagwirklichkeit und überhöhen die institutionelle Ordnung in deren Gesamtheit als symbolische Totalität. Diese Form von Legitimation durch symbolische Gesamtheit kann von dem Akteur, wie gesagt, in seiner Alltagswirklichkeit zwar nicht praktisch erfahren werden, ist aber theoretisch permanent in Form von Zeichen und Symbolen präsent, die auf ihn zurückwirken. Es werden alle Teile einer institutionellen Ordnung in ein alles umfassendes Bezugssystem integriert, was die Welt im eigentlichen „Sinne" ausmacht. Jede Form sozialer Erfahrung kann nun innerhalb dieses Bezugsystems erklärt werden und macht nur innerhalb dieser symbolischen Welt subjektiv und objektiv Sinn und bekommt dadurch Bedeutung.[79]

„[...] ein Ereignis ist nicht nur ein Geschehen in der Welt, es ist eine *Beziehung* zwischen einem bestimmten Geschehen und einem gegebenen symbolischen System."[80]

Das betrifft auch Grenzsituationen einzelner Akteure, also Situationen, die jenseits der Alltagswirklichkeit stattfinden. Der Tod ist dabei die Grenzsituation schlechthin und dessen Legitimation eine der wichtigsten Funktionen symbolischer Sinnwelten. Die Heroisierung und der Tod von US-Soldaten zum Beispiel zeigen die Bedeutung dieses Geschehens in Beziehung zu seinem Vaterland als symbolisches System.

„Die symbolische Sinnwelt ist als Matrix *aller* gesellschaftlich objektivierten und subjektiv wirklichen Sinnhaftigkeiten zu verstehen. Die ganze Geschichte der Gesellschaft und das ganze Leben des Einzelnen sind Ereignisse *innerhalb* dieser Sinnwelt."[81]

---

[78] vgl. ebd.
[79] vgl. ebd.
[80] Sahlins, Marshall David, 1992: Inseln der Geschichte, Hamburg, S. 150
[81] Berger, Peter L./Luckmann, Thomas, 1991: Die gesellschaftliche Konstruktion von Wirklichkeit, Frankfurt/Main, S. 103

Die symbolische Sinnwelt stellt ein theoretisches System der Allgemeingültigkeit dar, der absoluten Legitimation für das „richtige" Handeln innerhalb der institutionellen Ordnung. Sie ordnet, regelt und rechtfertigt Alltagsrollen, wie Vater, Mutter, Kind, Opa, Jugendlicher oder Onkel, oder auch Prioritäten, wie die Akkumulation von ökonomischem oder sozialem Kapital[82]. Der Akteur kann sich durch seine gesellschaftliche Rolle in der gesellschaftlichen Ordnung, durch die symbolische Sinnwelt aller Akteure legitimieren, verorten und seine Identität so begründen Er kann sich seine eigene biographische Zukunft innerhalb der ihm bekannten endlichen Koordinaten seiner Sinnwelt vorstellen. In der gesellschaftlich konstruierten Geschichtsschreibung weist die symbolische Sinnwelt, nach ihrer hierarchischen Relevanz-Struktur bemessen, den Ereignissen ihren spezifischen Platz zu.

Isolierte institutionelle Enklaven wurden nun integriert, Institutionen und Rollen durch ihre Verortung in dem Gesamtsystem legitimiert, die politische Ordnung und ihre Repräsentanten durch ihre Beziehung zu einer symbolischen Ordnung von Macht und Gerechtigkeit legitimiert und die Gesellschaft als Ganzes hat nun Sinn.

Die symbolische Sinnwelt ist wie gezeigt theoretischer Natur und kann somit ihrem Sinn nach verschieden ausgelegt werden. Einige Akteure sind in ihrem Sinne besser sozialisiert und andere nicht. Es kann also in einer Gesellschaft auch Intellektuelle und Abweichler geben, die anhand ihres Wissensvorrates sozialer Erfahrungen eine alternative Wirklichkeitsbestimmung vornehmen, wenn eine symbolische Sinnwelt in ihren Augen zum Problem wird. Um die gesamtgesellschaftlich etablierte Sinnwelt zu schützen und zu stützen, werden zu diesem Zwecke, als Form der Legitimation, theoretische Konzeptionen der Allgemeingültigkeit entworfen. Diese stellen eine Weiterverarbeitung von Legitimationen einzelner Institutionen auf einer höheren Ebene theoretischer Integration dar.[83] Da wären zum Beispiel Mythologie, Theologie, Philosophie oder Wissenschaft. Die Reihenfolge hat dabei keinerlei Implikation im Sinne einer evolutionistischen Entwicklung. Sie zeigt lediglich, wie weit deren konzeptionelles „Wissen" vom Alltagswissen entfernt ist oder inwieweit dieses Wissen in der Alltagswirklichkeit erfahrbar ist. Wo das „Wissen" der Mythologie noch im Alltagswissen wurzelt, ist das „Wissen" der Wissenschaft sehr weit vom Alltagswissen entfernt und wird für den Akteur der Alltagswirklichkeit schwer zugänglich und unverständlich. Damit das nicht

---

[82] vgl. Bourdieu, Pierre, 1976: Entwurf einer Theorie der Praxis auf der ethnologischen Grundlage der kabylischen Gesellschaft, Frankfurt/Main
[83] vgl. Berger, Peter L./Luckmann, Thomas, 1991: Die gesellschaftliche Konstruktion von Wirklichkeit, Frankfurt/Main

zum Problem wird, gibt es für alle Stützungskonzeptionen Vermittler, Spezialisten und Legitimatoren, die im Folgenden als „Experten" bezeichnet werden.

2.5 Die Rolle von Expertenwissen

Experten besitzen ein Spezialwissen, was sich von dem allgemeinen Wissensvorrat der Alltagswirklichkeit sehr weit entfernt hat. Gerade in Gesellschaften, die eine rasante Entwicklung und Spezialisierung innerhalb der Wissenschaften erlebt haben, nimmt die Wissenschaft als Stützungskonzeption symbolischer Sinnwelten eine Form an, die es dem Akteur in der Alltagswirklichkeit nicht mehr ermöglicht, seine Sinnwelt mit seinem eigenen Wissensvorrat theoretisch zu erklären. In dieser „Wissenslücke" nistet sich die Wissenschaft ein, welche in solchem Grad objektiviert und vergegenständlicht wurde, dass ihre Methoden und Theorien dem Akteur der Alltagswirklichkeit als nicht hinterfragbar valide gelten und dass sie die Wirklichkeit universalisierbar abbilden. Sie stellt somit für den Akteur der Alltagswirklichkeit eine Art von Glaubenssystem dar. Wissenschaft setzt Wirklichkeit und bietet gleichzeitig Lösungen an, wenn es zu Störungen im Sinne der „Wissenschaftswirklichkeit" kommen sollte. Gibt es zum Beispiel Akteure, die in der Alltagswirklichkeit nicht als „normal" gelten, kommt es zu einer angewandten Form sinnweltstützender Theoriebildung.

Die Therapie versucht diese Abweichler mit Hilfe theoretischer Konzeptionen wieder in die institutionalisierte Wirklichkeitsbestimmung zu bewegen. Diese Form sozialer Kontrolle äußert sich als Psychoanalyse, Ehe- oder Partnerberatung, Berufs- oder Studienberatung, Lebensberatung oder gar Exorzismus in alternativen Wirklichkeitsbestimmungen. Man kann sich auf Grund der thematischen Präsenz vorstellen, wie viele Kinder mit ADHS[84] diagnostiziert, therapiert und medikamentös behandelt werden, weil

---

[84] Aufmerksamkeitsdefizit-/Hyperaktivitätsstörung: Vertreter der Meinung, dass ADHS ein gesellschaftliches Konstrukt sei, sind der Ansicht, dass ADHS im Grunde zum normalen Spektrum des menschlichen Verhaltens gehöre. Sie lehnen die Einordnung der typischen Auffälligkeiten als Störung, ganz oder teilweise, ab oder interpretieren die Symptomatik als Folge der aktuellen Lebensumstände. Begründet wird das unter anderem mit einer veränderten Kindheit, erhöhten Ansprüchen an Zweckmäßigkeit und reibungslosem Funktionieren, einem den Bedürfnissen der einzelnen Kinder nicht genügenden Schulsystem, abnehmender gesellschaftlicher Toleranz gegenüber den Ausprägungen kindlichen Verhaltens sowie einer Umwelt, die von Bewegungsarmut, Reizüberflutung, Leistungsdruck, Sinnentleerung und Vernachlässigung gekennzeichnet sei. Daher wird die Etikettierung von Kindern als „krank" und eine medikamentöse Behandlung als fehlerhaft und möglicherweise schädlich angesehen. Quelle: Wikipedia

ihr Verhalten nicht dem gesellschaftlichen „Standard" entspricht und sie die institutionelle Ordnung stören.

Was in der einen Gesellschaft als „verrückt" im psychotherapeutischen wissenschaftlichen Sinne gilt, wird in einer anderen theologischen Wirklichkeit als "besessen" bezeichnet.[85] Beides ist in seiner Wirklichkeit valide und macht die Relativität von Erklärungsmustern deutlich.

Eine andere angewandte Form ist die Nihilierung, also das Verneinen oder theoretische Leugnen der Wirklichkeit von Phänomenen, die nicht in diese bestimmte symbolische Sinnwelt hineingehören.[86] Darauf werde ich später noch zurückkommen wenn ich das Aufeinander treffen von zwei symbolischen Sinnwelten erläutere.

Diese gestützte Form der Wirklichkeitsbestimmung, egal ob angewandter oder rein theoretischer Natur, wird auch immer durch bestimmte Personen oder Gruppen verkörpert – namentlich durch die Experten, welche die Wirklichkeit bestimmen. Wie schon bei der Typisierung der Rollen, hängt die Auswahl der Akteure von der gesellschaftlichen Organisation ab, dem Grad der Arbeitsteilung und den ökonomischen Überschüssen, welche es erlauben, die Experten nur für ihre Tätigkeit der Wirklichkeitsbestimmung von lebensunterhaltenden Tätigkeiten freizustellen. Deren Sachverstand für theoretische Konzeptionen entfernt sich dadurch immer mehr von den praktischen Erfordernissen der Alltagswirklichkeit. Durch die Dialektik aber von wirklichkeitsbestimmenden und wirklichkeitshervorbringenden Prozessen üben sie einen enormen Einfluss aus. Es funktioniert also analog zur Rollenbestimmung bei den „Enklaven-Wirklichkeiten", nur eben jetzt integrierend auf der Makroebene.

„ Gewisse Dinge tut man, nicht weil sie nützlich sind, sondern weil sie ‚richtig' sind, und zwar im Sinne der absoluten Bestimmung von Wirklichkeit, wie sie die Welt-Spezialisten verkünden."[87]

Dies führt so weit, dass die Experten für sich ein Recht behaupten, die Bedeutung praktischer Arbeit besser bewerten zu können als die Praktiker selbst. Sollte dies zu einer Rebellion der Praktiker führen, kann ihre Wirklichkeitsbestimmung zum Beispiel durch den Einsatz von Polizei untermauert werden.

---

[85] vgl. Lienhardt, Godfrey: Denkformen, in: Firth, Raymond 1967: Institutionen in primitive Gesellschaften, Frankfurt/Main
[86] vgl. Berger, Peter L./Luckmann, Thomas, 1991: Die gesellschaftliche Konstruktion von Wirklichkeit, Frankfurt/Main
[87] Berger, Peter L./Luckmann, Thomas, 1991: Die gesellschaftliche Konstruktion von Wirklichkeit, Frankfurt/Main, S. 126

„Macht in der Gesellschaft schließt die Macht ein, über Sozialisationsprozesse zu verfügen, und damit die Macht, Wirklichkeit *zu setzen.*"[88]

Wenn sich Wirklichkeitsbestimmung mit einem konkreten Machtinteresse verbindet, so kann man von ihr auch als „Ideologie" reden. Die Naziherrschaft in Deutschland bildet dafür ein gutes Beispiel.

Eine hochgradig arbeitsteilige industrialisierte Gesellschaft ist durch Pluralismus gekennzeichnet, das heißt, sie verfügt über gewisse Grundelemente einer Sinnwelt in Form kultureller Kategorien, die alle teilen. Zudem beinhaltet sie aber verschiedene Subsinnwelten, die im gegenseitigen Einverständnis koexistieren. Die Konflikthaftigkeit der einzelnen ideologischen Elemente in der Wirklichkeitsbestimmung wird hier durch unterschiedliche Grade der Toleranz oder gar der Kooperation gelöst. Oder anders gesagt, im Sinne Durkeims[89], die hoch arbeitsteiligen Gesellschaften sind geprägt durch eine organische Solidarität, welche die Akteure durch ihre unterschiedlichen Spezialisierungen und Wissensbestände voneinander abhängig macht, so dass Toleranz und Kooperation notwendig werden.

Der Pluralismus selbst stellt dabei einen Beschleunigungsfaktor für sozialen Wandel dar, da er die Hartnäckigkeit traditioneller Wirklichkeitsbestimmung und ihrer Experten untergräbt.

2.6 Wenn Realität auf Wirklichkeit trifft

Wenn eine Gesellschaft auf eine andere trifft, die eine völlig andere Geschichte aufweist, sind die Stützungskonzeptionen der Experten von größter Relevanz. Man ist nun mit einer völlig anderen alternativen Sinnwelt konfrontiert, die mit ihrem eigenen objektiven Gewissheitscharakter ihrer Wirklichkeit der eigenen in nichts nachsteht. So eine Begegnung wird oft auch als „Kulturschock" bezeichnet. Ihr bloßes Vorhandensein beweist den Akteuren der eigenen Wirklichkeit, dass es alternative Sinnwelten gibt, die auch funktionieren, und somit die eigene Sinnwelt nicht zwingend wirklich ist. Damit kann die eigene Sinnwelt in Frage gestellt werden und es könnten einige Akteure oder Gruppen von Akteuren versucht sein, aus der eigenen Sinnwelt auszubrechen oder

---

[88] Berger, Peter L./Luckmann, Thomas, 1991: Die gesellschaftliche Konstruktion von Wirklichkeit, Frankfurt/Main, S. 128
[89] vgl. Durkheim, Émilie, 1977: Über die Teilung der sozialen Arbeit; Frankfurt/Main

Elemente der anderen Sinnwelt in die eigene zu integrieren.[90] Die Problematik geht mit Machtverfall und Einflussverlust der Experten einher, und damit wird die Notwendigkeit, die eigene Sinnwelt mit Stützungskonzeptionen von Experten zu legitimieren und zu erklären, offensichtlich. Man kann die Islamdebatte in Deutschland als Beispiel heranziehen, wo Legitimatoren, Repräsentanten und Experten mit divergenten Wirklichkeitsbestimmungen erklären, der Islam gehöre zu Deutschland oder auch nicht. Die Überlegenheit der eigenen Sinnwelt wird dabei immer zur Schau gestellt. Das Aufeinandertreffen von alternativen symbolischen Sinnwelten ist, wie gerade beschrieben, immer eng mit Machtfragen verknüpft. Zwei entgegengesetzte widersprüchliche Sinnwelten werden beiderseits Konzeptionen entwickeln, um die eigene Sinnwelt zu stützen und zu sichern. Wie aber die Geschichte zeigt, hängt der Erfolg mehr von der Macht ab als vom theoretischen Geschick der „Experten". Kriegerische Auseinandersetzungen sind bei der Legitimierung von Wirklichkeitsbestimmungen eher die Regel und nicht die Ausnahme.

Nihilierung als eine Form negativer Legitimation bildet auch ein gängiges Mittel, mit alternativen Sinnwelten umzugehen. So wird zum Beispiel den Akteuren der alternativen Sinnwelt von „Experten" ein inferiorer ontologischer Status zugewiesen. Beispielhaft wäre hier die „Herrenmenschen-Ideologie" in Zeiten des Nationalsozialismus, der Sklavenhandel oder der Kolonialismus, wo der Wirklichkeitsbestimmung der Kolonisierten immer ein inferiorer Status zugeschrieben wurde, was wiederum ihre Ausbeutung legitimierte.

Zudem können alle abweichenden Wirklichkeitsbestimmungen mit einem negativen Status versehen werden, indem man sie geschickt begrifflich in die eigene Wirklichkeit „übersetzt" und so der eigenen Sinnwelt einverleibt und aus ihr heraus im eigenen Sinne deutet. Dies wird in entwicklungspolitischen Debatten deutlich, in denen der Islam als durch „Traditionen" verhaftete Gesellschaftsform stigmatisiert wird, die jede wirtschaftliche „Entwicklung" hemmt. Zudem kann durch Segregation die eigene Sinnwelt ebenfalls geschützt werden, indem widersprüchliche Wirklichkeitsbestimmungen inhaltlich und gesellschaftlich einer Fremdgruppe zugeschrieben werden, so dass sie für die eigene Wirklichkeitsbestimmung keine Relevanz mehr aufweisen, wie zum Beispiel durch die Ausgrenzung ausländischer „Gastarbeiter" in Deutschland.

---

[90] vgl. Berger, Peter L./Luckmann, Thomas, 1991: Die gesellschaftliche Konstruktion von Wirklichkeit, Frankfurt/Main

Wie ich oben bereits gezeigt habe, ist Sprache eine der elementarsten Komponenten für die Objektivierung und Legitimierung von Wirklichkeiten und deren Wahrnehmungen jeder Art. Mit einer anderen Sprache ändert sich auch die Wirklichkeit. Sie bildet semantische Felder und schlägt sich in Form kultureller Kategorien nieder. Alternative Wirklichkeitsbestimmung findet in Form alternativer kultureller Kategorien statt, die nicht die eigenen Kategorien sind.

„Wir müssen lernen, daß es bei Übersetzungen aus primitiven Sprachen oft unmöglich ist, an Unterscheidungen wie zwischen wörtlicher und methaphorischer Bedeutung festzuhalten; und wir müssen verstehen, daß solche Aussagen nicht wirklich einer der uns lieben Kategorien zugeschlagen werden können. Sie stehen zwischen den Kategorien [sic!] die wir benutzen."[91]

Edward E. Evans-Pritchard zeigt solch missverständlichen Übersetzungsleistungen durch das Wort „ist" auf. Wenn im Symbolismus indigener Sprachen jemand sagt, der Mann „ist" ein Leopard, so hat das in der Übersetzung mit „ist" einen absurden Charakter in der Vorstellung eigener Wirklichkeitsbestimmung. Dass ein Mann ein Leopard sein kann, ist in unserer Vorstellung ein Widerspruch, in der indigenen Vorstellung nicht.[92]

Auch Franz Boas macht diese Wahrnehmungsdifferenzen deutlich in seinem Aufsatz „On Alternating Sounds"(1889) und Marshall Sahlins schreibt dazu, „[...] daß Laute, die der Sprecher der einen Sprache für die gleichen hält, von Sprechern einer anderen Sprache als völlig verschieden gehört werden können, und umgekehrt, da jeder im Reden des anderen die Unterscheidungen seiner eigenen Sprache wahrnahm"[93].

Und diese Tatsache ist symptomatisch auch für andere Formen der Wahrnehmung, nicht nur für die auditiven Bereiche der Wahrnehmung, sondern auch für die visuellen, olfaktorischen, gustatorischen oder taktilen Bereiche. Alles „Fremde", was ein Akteur reflektiert und nicht Bestandteil seiner „Wirklichkeit" ist, wird verzerrt oder falsch interpretiert durch die „Übersetzung" in die eigenen kulturellen Kategorien.

---

[91] Lienhardt, Godfrey :Denkformen, in: Firth, Raymond 1967: Institutionen in primitiven Gesellschaften, Frankfurt/Main, S. 111
[92] Evans-Prichard, Edward E., 1981: Theorien über primitive Religionen, Frankfurt/Main, S. 133 – 134
[93] Sahlins, Marshall David, 1981: Kultur und Praktische Vernunft, Frankfurt/Main, S. 99

2.7 Kulturelle Kategorien und praktisches Handeln

Praktisches Handeln als institutionalisierte Tätigkeit ist, wie ich gezeigt habe, bestimmt durch die Wahrnehmung der Alltagswirklichkeit der Akteure. Die Alltagswirklichkeit besteht aus kulturellen Kategorien, sie stellen die Ordnungsprinzipien dar, die es dem Akteur ermöglichen, seine Umwelt und Gesellschaft zu verstehen, sich in ihr zu orientieren und sich selbst in ihr zu verorten. Sie sind ihm sozusagen vorgeschaltet. Objektivationen und Legitimationen sind Bestandteil kultureller Kategorien. Sie werden gesellschaftlich konstruiert durch einen dialektischen Prozess von subjektiver Erfahrung und objektiver Faktizität. Die Externalisierung subjektiven Sinns und Objektivierung habitualisierter Tätigkeit bilden die Grundlage einer dialektisch gesellschaftlich konstruierten Wirklichkeit, welche durch Internalisierung an die folgenden Generationen vermittelt wird. Wenn sich die der Wirklichkeit inhärenten Institutionen der folgenden Generation als etwas Nützliches erweisen, werden sie im doppelten Sinne „natürlich", zum einen als der Natur inhärent und zum anderen als kulturell normal.[94] Wenn sie der folgenden Generation als problematisch erscheinen, müssen sie vortheoretisch und theoretisch legitimiert werden. Dies geschieht auf allen Ebenen, durch Versprachlichung und Objektivation, durch theoretische Postulate, durch spezifizierte Legitimationstheorien und auf der Makroebene durch die Konstruktion symbolischer Sinnwelten als integrativer gesamtgesellschaftlicher Überbau. Experten, die durch gesellschaftliche Ordnungsprinzipien bestimmt werden, stützen die gesellschaftlich konstruierten Wirklichkeitsbestimmungen durch ihre Rolle als Experten und als objektivierter Vermittler zwischen symbolischer Sinnwelt, Subsinnwelt und Alltagswirklichkeit. Wirklichkeitsbestimmung ist ein permanenter dynamischer dialektischer Prozess von Objektivation und Legitimation.

Zusammenfassend lässt sich nach diesen theoretischen Ausführungen also sagen, dass es durchaus möglich ist, alternative Wirklichkeitsbestimmungen, zum Beispiel von Nehmergruppen, in der Entwicklungszusammenarbeit nachzuvollziehen und sie in die Überlegungen miteinzubeziehen. Die Bedeutung einer gesellschaftlich konstruierten Wirklichkeit exemplifiziert sich in einem Zitat von Edward Evans-Pritchard: „Das heißt nicht, das [sic!] wir ihrem Denken nicht folgen könnten. Wir können es durchaus, denn sie denken sehr logisch, aber sie gehen von anderen Prämissen aus, und diese Prämissen

---

[94] Sahlins, Marshall David, 1981: Kultur und Praktische Vernunft, Frankfurt/Main, S. 109

sind für uns absurd. Sie sind vernünftig, aber nicht nach unseren Kategorien. Sie sind logisch, aber die Prinzipien ihrer Logik sind nicht die Prinzipien unserer aristotelischen Logik."[95] Warum sie für uns absurd wirken und wie sich diese Prämissen und Kategorien konstruieren, habe ich in den obigen Ausführungen theoretisch gezeigt. Aus der volkswirtschaftlichen Perspektive der Geberländer heraus findet dieser Ansatz offensichtlich keine Basis, und sie ist oft geprägt von Voreingenommenheit. „The prejudice, in other words, is that human nature is essentially the same everywhere, and that inner state, disposition und capacities have already been adequately discriminated by the psychological vocabularies of Western languages."[96] Dieses Zitat von Rodney Needham, drückt die Voreingenommenheit einer einseitigen Betrachtung und die Stellung wissenschaftlicher Expertise sowie ihrer versprachlichten Objektivierung in einer „westlichen" Wirklichkeit nochmals sehr gut aus. Welche Prämissen, Kategorien und Logik die volkswirtschaftliche Perspektive in der Entwicklungszusammenarbeit bestimmen, zeigt der nächste Teil der Arbeit. Denn sie haben einen enormen Einfluss auf die Praxis innerhalb der Entwicklungszusammenarbeit und bestimmen durch ihre Perspektive das praktische Handeln der Akteure.

---

[95] Evans-Prichard, Edward E., 1981: Theorien über primitive Religionen, Frankfurt/Main S. 125
[96] Needham, Rodney, 1981: Skeptical remarks on human universals, in: Heelas, Paul: indigenous psychologies, London, S. 67

4 Die volkswirtschaftliche Perspektive

Gegenstandsbereich der Wirtschaftswissenschaften und damit der Volkswirtschaft ist per Definition die Erforschung der wirtschaftlichen Wirklichkeit.[97] Sie wird als Erfahrungs- und Realwissenschaft zu den Sozialwissenschaften gerechnet, da sie sich mit dem wirtschaftlichen Handeln von Menschen befasst. Die Volkswirtschaft gliedert sich klassischerweise in die Bereiche Wirtschaftstheorie, Wirtschaftspolitik und Finanzwissenschaften. Die Wirtschaftstheorie, welche im Zusammenhang dieser Arbeit zur Wirklichkeitsbestimmung den größten Raum einnimmt, teilt sich nochmals in die Mikroökonomik, in der das wirtschaftliche Verhalten von Wirtschaftssubjekten, also kleineren Wirtschaftseinheiten wie Haushalten und Unternehmen untersucht wird, und die Makroökonomik für die Betrachtung gesamtwirtschaftlichen Verhaltens größerer Wirtschaftseinheiten auf nationaler und internationaler Ebene. Zu den Aufgaben der Wirtschaftswissenschaften zählen die Beschreibung, die Erklärung und das Prognostizieren von Wirtschaft sowie die beratende Tätigkeit, was wirtschaftspolitische Fragen angeht. Die Erklärung wirtschaftlicher Zusammenhänge erfolgt in Form von Kausalzusammenhängen, also in Form von Wechselbeziehungen zwischen Ursache und Wirkung in einem komplexen Beziehungsgeflecht allgemeiner Interdependenz.[98] Da es unmöglich ist, alle Einflussfaktoren, zur Erklärung wirtschaftlicher Tätigkeit zu berücksichtigen und zu erfassen, reduziert man die wirtschaftliche Tätigkeit auf eine übersichtliche Anzahl wesentlicher Kausalzusammenhänge. Es entsteht somit ein vereinfachtes, reduziertes Abbild wirtschaftlicher Wirklichkeit, das Modell genannt wird. Diese Reduktion wirtschaftlicher Wirklichkeit besteht aus drei grundlegenden Prinzipien.

Zum einen werden nur die Kausalzusammenhänge berücksichtigt, von denen man vermutet, dass sie das zu erklärende Phänomen wesentlich beeinflussen. Zum anderen wird die Erklärungskette an bestimmbaren Stellen unterbrochen, da sie sonst andere Wissensgebiete beinhalten würde, die nicht Bestandteil der Wirtschaftswissenschaften sind, und einfach zu komplex werden würde. Und drittens werden Kausalzusammenhänge zwischen den berücksichtigten wirtschaftlichen Elementen in einfachster Form quantifiziert.[99] Diese Vereinfachungen schlagen sich in einer Relativität der Gewich-

---

[97] vgl. Baßeler, Ulrich/Heinrich, Jürgen/Utecht, Burkard, 2006: Grundlagen und Probleme der Volkswirtschaft. Stuttgart
[98] vgl. ebd.
[99] vgl. Baßeler, Ulrich/Heinrich, Jürgen/Utecht, Burkard, 2006: Grundlagen und Probleme der Volkswirtschaft. Stuttgart

tung von Kausalzusammenhängen und deren immanenten Größen nieder. Welche Einflussfaktoren für die Erklärung wirtschaftlicher Wirklichkeit auf Grund der reduzierte Modelldarstellung herangezogen werden, stellt eine Entäußerung subjektiven Sinns einiger Experten dar. Durch die Schwierigkeit, unter den verschiedensten Einflussfaktoren die wesentlichsten zu bestimmen, entstehen miteinander konkurrierende Erklärungsansätze oder Modelle. Welche wirklichkeitsbestimmenden Erklärungsansätze sich durchsetzten, hängt von den wirtschaftspolitischen Zielen ab. Ob diese wirtschaftspolitischen Ziele von der Volkswirtschaftslehre festgelegt werden sollen, ist innerhalb der Disziplin seit langem sehr umstritten.[100] Fakt ist, dass die Festsetzung wirtschaftspolitischer Ziele immer ein Werturteil beinhaltet. Das Problem für die Volkswirtschaftslehre lautet: „In der Regel wird die Meinung vertreten, dass Werturteile (und damit auch Ziele) wissenschaftlich nicht ableitbar und überprüfbar sind und deshalb mit Wissenschaft im strengeren Sinne nichts zu tun haben. Wo sie dennoch in die Beschreibung, Erklärung oder Prognose des Wirtschaftsprozesses einfließen, sind sie eindeutig als Wertung kenntlich zu machen, um der Argumentation jede Scheinobjektivität zu nehmen."[101]

Inwieweit das gelingt, wird sich noch im Laufe der Arbeit zeigen.

Die Volkswirtschaftslehre geht von gewissen Grundtatbeständen der Wirtschaftsgesellschaften aus, um Produktion, Distribution und Konsum zur Bedürfnisbefriedigung analysieren zu können. Diese Grundtatbestände des Wirtschaftens sind Bedürfnisse[102], Güter[103], Produktion[104], Produktionsmöglichkeiten[105], Knappheit[106], Arbeitsteilung[107], Tausch[108], Koordination[109], Wirtschaftssystem[110] und Institutionen.[111] Für die Analyse wirklichkeitsbestimmender Elemente der volkswirtschaftlichen und ethnologischen Perspektive sind Tausch, Institutionen und Wirtschaftssystem von größerer Bedeutung.

---

[100] vgl. ebd.
[101] Baßeler, Ulrich/Heinrich, Jürgen/Utecht, Burkard, 2006: Grundlagen und Probleme der Volkswirtschaft. Stuttgart, S. 7 – 8
[102] Gefühle des Mangels mit dem Wunsch, den Mangel zu beseitigen
[103] Mittel zur Bedürfnisbefriedigung
[104] Erstellungsprozess von Sachgütern und Dienstleistungen mit Produktionsmitteln
[105] Bestand an Produktionsfaktoren (Arbeit, Kapital, Boden)
[106] Güter sind gemessen an den Bedürfnissen knapp
[107] Zerlegung der Produktion in Teilverrichtungen
[108] Transaktionen, die auf Verträgen beruhen und mit Transaktionskosten verbunden sind
[109] das Abstimmen von Produktionsplänen
[110] konstituiert durch Regeln, Normen und Institutionen, die ein ungeordnetes Nebeneinander einzelwirtschaftlicher Tätigkeiten vermeiden sollen
[111] ein System wechselseitig respektierter Regel inkl. Garantieinstrumente, die bei dem Individuum wechselseitig verlässliche Verhaltensweisen hervorrufen

Wirtschaftssysteme beinhalten rechtliche Vorschriften, Koordinationsmechanismen, Motivationsstruktur und die Eigentumsordnung für Produktionsmittel, welche für die wirklichkeitsbestimmende und wirklichkeitsstützende Funktion der institutionellen Ordnung von großer Relevanz sind. Auf die Motivationsstruktur wird in der volkswirtschaftlichen Analyse meist verzichtet, da „in den Wirtschaftswissenschaften angenommen wird, dass der Eigennutz dominierendes Handlungsmotiv der Menschen ist"[112]. Die Eigentumsordnung dagegen gilt als das zentrale Element eines Wirtschaftssystems.

Die hier kurz vorgestellten Grundannahmen der Volkswirtschaftslehre beziehen sich allgemein auf die wirtschaftlichen Tätigkeiten aller Gesellschaften, unabhängig davon, welches Wirtschaftssystem sich in einer jeweiligen Gesellschaft etabliert hat. Sie finden Anwendung auf marktökonomische, moralökonomische oder planwirtschaftliche Strukturen einer Gesellschaft. Grundsätzlich ist festzustellen, dass die Wahl der Einflussfaktoren, die wesentlich für die Kausalzusammenhänge wirtschaftlicher Tätigkeit sind, einen Ausdruck subjektiven Sinns der Experten darstellt. Das zeigt sich in den konkurrierenden Modellen und rührt unter anderem daher, dass die Motivationsstruktur der Akteure wirtschaftlichen Handelns bei der Analyse außen vor gelassen wird, da vom individuellen Eigennutz ausgegangen wird. Alle Grundtatbestände stellen Objektivationen einer Subsinnwelt dar, die wirtschaftliche Tätigkeiten erklären und legitimieren sollen.

In der Entwicklungszusammenarbeit hat sich, bedingt durch die wirtschaftliche Wirklichkeit der Geberländer, eine entwicklungspolitische Zielsetzung etabliert, die dieser Wirklichkeit als Ziel entsprechende Maßnahmen bereitstellt. Und die auf der Makroebene gesellschaftlich konstruierte „westliche" Wirklichkeit und deren symbolische Sinnwelt ist marktökonomischer Natur.

---

[112] Baßeler, Ulrich/Heinrich, Jürgen/Utecht, Burkard, 2006: Grundlagen und Probleme der Volkswirtschaft. Stuttgart, S. 27

3.1 Von der politischen Ökonomie zur klassischen Ökonomie

Um zu zeigen, wie sich eine marktökonomische Wirklichkeit legitimiert, muss der historische Übergang von einer politischen Ökonomie hin zur klassischen Ökonomie nachgezeichnet werden.

Vor 1870 war die politische Ökonomie das bestimmende wirtschaftswissenschaftliche Leitbild für die Erklärung wirtschaftlicher Prozesse. Einige ihrer bekannten Vertreter waren Adam Smith, David Ricardo oder Karl Marx. Grundsätzlich lag ihr analytischer Fokus auf der Reproduktion und Verteilung wirtschaftlicher Überschüsse in auf sozialen Klassen basierenden Gesellschaften.[113] Sie verfolgten somit einen objektivistischen Ansatz, was sich auch in der Verwendung des Begriffs „Ware"[114] für sich im Austausch befindliche Dinge ausdrückt.

Nach 1870 stellte die klassische Ökonomie das bestimmende Leitbild für die Analyse wirtschaftlicher Tätigkeiten dar. Ihre Vertreter waren Léon Walras, Carl Menger oder Gérard Debreu. Ihr Fokus lag auf der allgemeinen Analyse von Knappheit und individueller Entscheidung durch unbegrenzte individuelle Bedürfnisse und begrenzte Ressourcen. Ihr Modell geht von einem Individuum aus, das seinen Nutzen maximieren möchte. Dieser subjektivistische Ansatz führte auch zur Transformation der Terminologie und aus „Waren" wurden „Güter"[115].

Während der objektivistische Ansatz der politischen Ökonomie die gesellschaftlichen und sozialen Klassenbeziehungen in der Produktion untersuchte, fallen soziale Beziehungen aus dem Untersuchungsgegenstand der klassischen Ökonomie völlig heraus. Chris Gregory sieht in den Untersuchungen objektiver Beziehungen, die der Austausch von „Waren" schafft, die Grundlage für die Untersuchungen von Gabenökonomien durch Marcel Mauss oder Claude Levis-Strauss. Diese Konzepte, welche die persönlichen Beziehungen von Menschen beinhalten, die geschaffen werden, wenn Gaben[116] oder „Waren" getauscht werden, sieht er als kompatibel an und kontrastiert diese mit dem subjektivistischen Ansatz klassischer Ökonomie, dem er jegliche objektive empiri-

---

[113] vgl. Gregory, Christopher A., 1982: Gifts and commodities, London
[114] steht für Ware als Objekt, als objektive Beziehung zwischen Dingen, die ausgetauscht werden, was sich im Preis ausdrückt
[115] steht für Waren als Subjekt, für die subjektive Beziehung von Individuum und dem Objekt seiner Begierde
[116] Er bezieht sich dabei auf die Theorie der Gabe von Marcel Mauss und Untersuchungen Lewis Morgans und Claude Lévi-Strauss'.

sche Basis abspricht.[117] Die „Ware" ist definiert als ein sozial begehrenswertes Ding mit einem „Nutzwert"[118] und einem „Tauschwert"[119].

Der Unterschied zur Gabe liegt in der ersten definitorischen Charakteristik der Politischen Ökonomie. Sie unterscheidet zwischen einer „commodity economy", einer durch soziale Klassen strukturierten Wirtschaft, und einer „non-commodity economy", eine durch Klans strukturierten Wirtschaft. Letztere ist dadurch charakterisiert, dass sie kein privates Eigentum kennt und damit keine übertragbaren Rechte von Objekten. Somit sind die Objekte niemals vollständig von demjenigen getrennt, der sie tauscht. In einer „commodity economy" ist Eigentum das fundamentale Element des Wirtschaftssystems, was dazu führt, dass sich Eigentumsrechte übertragen lassen und somit das Objekt völlig von demjenigen, der es tauscht, losgelöst wird.

Weitere Charakteristika der politischen Ökonomie sind zum einen ihr Fokus auf die Analyse sozialer Kontrolle über Boden, Kapital und Arbeit als Schlüsselfaktoren wirtschaftlicher Tätigkeit, die Vorstellung von einem zirkulierendem Prozess von Produktion und Konsumption und die „logisch-historische" Methode.

Die klassische Ökonomie sah wirtschaftliche Tätigkeit durch andere Faktoren determiniert und setzte ihren analytischen Fokus entsprechend. Sie entwickelte so andere Annahmen und setzte damit einen Paradigmenwechsel in Gang.

Durch ihren Perspektivenwechsel passte der Begriff der politischen Ökonomie nicht mehr in ihr Konzept. Sie lehnten ihn ab, da er ihnen zum einen widersprüchlich erschien, weil er sowohl auf die Familie als auch auf den Staat verwies, und zudem implizierte er, dass Wirtschaft eine Staatsangelegenheit sei, und sie betrachteten Staatsangelegenheiten mehr als Kunst denn als Wissenschaft. Aber am wichtigsten war, dass sie perspektivisch auf die Gesellschaft ausgerichtet war und nicht auf das Individuum.[120] Die klassische Ökonomie wollte eine zukunftsorientierte Perspektive und keine historisch-logische. Somit wandelten sich die Wirtschaftswissenschaften und aus „Waren" wurden „Güter", aus einer historisch-logischen Perspektive Prognosen, aus Gesellschaft wurde das Individuum und aus Reproduktion Knappheit.

---

[117] Gregory, Christopher A., 1982: Gifts and commodities, London, S. 8 – 9
[118] eine immanente Eigenschaft des Dings, welche von einer Gesellschaft gewünscht oder entdeckt wurde, in verschiedenen Phasen ihrer historischen Evolution
[119] eine extrinsische definierende charakteristische Eigenschaft des Dings, ein quantitatives Verhältnis, in welches ein Nutzwert der einen Sorte gegen einen Nutzwert einer anderen Sorte getauscht wird
[120] Gregory, Christopher A., 1982: Gifts and commodities, London, S. 24

Die Annahmen der klassischen Ökonomie beherrschen bis heute zum Großteil die Wirtschaftswissenschaften, wirtschaftspolitische Entscheidungen, entwicklungspolitische Maßnahmen, Entwicklungstheorien und durch ihren objektivierten Charakter einer Subsinnwelt als elementarer Bestandteil der integrativen symbolischen Sinnwelt die Wahrnehmung der Akteure in der Gesellschaft.

3.2 Volkswirtschaftliche Vorannahmen

Das fast weltweit etablierte Wirtschaftssystem der Marktwirtschaft ist für die meisten Akteure der „westlichen" Welt wirtschaftliche Realität. Die klassische Ökonomie hat sich im Laufe der Jahre nur wenig verändert und wird in modifizierter weiterentwickelter Form als Liberalismus, Neoliberalismus, Neoklassik oder soziale Marktwirtschaft bezeichnet. Die marktwirtschaftliche Funktionsweise und deren Grundprinzipien aber sind stets gleich.

Grundlegend basiert Marktwirtschaft auf dem dezentralen Koordinationsmechanismus des Marktes und dem Prinzip des Privateigentums an Produktionsmitteln. Als Kennzeichen eines solchen Systems werden Effizienz und Freiheit postuliert.[121]

Der Koordinationsmechanismus wird anhand eines Modells vom Wirtschaftskreislauf abstrahiert. Haushalte und Unternehmen bilden dabei die beiden grundlegenden Wirtschaftseinheiten. Haushalte verkaufen ihre Arbeitskraft auf dem Markt für Produktivleistungen an die Unternehmen und die Unternehmen kaufen sich die Arbeitskraft, wodurch die Haushalte wiederum ein Einkommen erzielen. Mit der erkauften Arbeitskraft produzieren die Unternehmen Konsumgüter, welche die Haushalte mit ihrem Einkommen, die sie von den Unternehmen bekommen, auf dem Konsumgütermarkt nachfragen. Die Ausgaben für die Konsumgüter fließen wieder zurück an die Unternehmen, womit die Einkommen der Haushalte bezahlt werden und ein Wirtschaftskreislauf ist entstanden.

Privateigentum bildet dabei das grundlegende Element marktwirtschaftlichen Handels und räumt dem Eigentümer volle Nutzungs- und Verfügungsrechte ein, sowohl auf die Produktionsmittel des Unternehmers bezogen als auch auf das erworbene Konsumgut des Konsumenten. Die zentrale Funktion liegt in der Zurechnung von Handlungsfolgen

---

[121] vgl. Baßeler, Ulrich/Heinrich, Jürgen/Utecht, Burkard, 2006: Grundlagen und Probleme der Volkswirtschaft. Stuttgart

auf den verursachenden Akteur.[122] Begründet wird die Existenz von Privateigentum dadurch, dass es als Leistungsanreiz[123] fungiert sowie als Fundament persönlicher Freiheit.[124]

Daraus ist allerdings auch zu schlussfolgern, dass persönliche Freiheit nur denjenigen zugesprochen werden kann, die auch im Besitz von Privateigentum und Vermögen sind. Wenn man sich jetzt den oben ausgearbeiteten Theorieteil zur Wirklichkeitsbestimmung in Erinnerung ruft und annimmt, diese marktwirtschaftliche Wirklichkeit stelle eine Subsinnwelt dar, die legitimationstheoretisch mit diesen Vorannahmen gestützt wird, ist leicht erkennbar, dass die Wirklichkeitsbestimmung der Subsinnwelt nur dann von einem Großteil der Akteure getragen wird, wenn Privateigentum und Vermögen relativ gleich verteilt sind.

Allgemeines und unveräußerliches Recht auf persönliche Freiheit, die Freiheit vom Zwang und zur persönlichen Selbstgestaltung des Lebens durch Privateigentum stellt die Grundlage der liberalen oder klassischen Marktwirtschaft dar und entspricht weitgehend dem wirtschaftspolitischen Leitbild von Adam Smith.[125] Er sah die Triebfeder menschlichen Handelns im Eigennutz durch das egoistische Erwerbsstreben freier und gleicher Menschen – ein Bild vom Menschen, das bis heute in den Wirtschaftswissenschaften geteilt wird.[126] Es wird angenommen, dass jedes Individuum seine eigenen Interessen am besten kennt und verfolgen kann. Daraus konstituieren sich fundamentale wirtschaftliche Freiheitsrechte, wie Produzentensouveränität[127], Konsumentensouveränität[128] und Arbeitnehmersouveränität[129]. Die Koordinierung, der durch unterschiedliche

---

[122] vgl. Baßeler, Ulrich/Heinrich, Jürgen/Utecht, Burkard, 2006: Grundlagen und Probleme der Volkswirtschaft. Stuttgart
[123] Aufgrund der Zurechnung von Handlungsfolgen und damit auch Gewinn und Verlust einer Unternehmung ist man der Meinung, dass die Entscheidungen über Investitionen und den Einsatz von Produktionsmitteln, optimiert werden.
[124] Man ist der Meinung, Eigentum und Vermögen schafften einen Lebensraum persönlicher Freiheit durch den Schutz vor persönlicher Abhängigkeit und staatlicher Machtentfaltung. Man muss diese Betonung von Freiheit vor dem geschichtlichen Hintergrund der Aufklärung und einer auf Klassen basierten Gesellschaft sehen. Der grundlegende Anspruch des Liberalismus bestand in der Auflösung von Herrschaftsverhältnissen und von persönlichen Abhängigkeiten generell und gegenüber dem Staat.
[125] lebte von 1723 bis 1790 und gilt als Begründer der klassischen Nationalökonomie
[126] vgl. Baßeler, Ulrich/Heinrich, Jürgen/Utecht, Burkard, 2006: Grundlagen und Probleme der Volkswirtschaft. Stuttgart
[127] Der Unternehmer kann produzieren, was er möchte und wo er es möchte.
[128] Der Konsument kann konsumieren, was er möchte und beeinflusst so die Wahl des Unternehmers, was ihn zum Wertemaßstab der Produktion macht.
[129] die Freiheit der Berufswahl und der Arbeitsplatzwahl des Individuums

Interessen geleiteten Praxis der Akteure erfolgt durch die „unsichtbare Hand[130]" des freien Wettbewerbs, was gleichzeitig ungewollt zu einem gesellschaftlichen Gesamtwohl führt, „wie es besser nicht erreicht würde, wenn statt des eigenen ein Gesamtinteresse verfolgt würde"[131]. Zudem gilt das Privateigentum an Produktionsmitteln als weitere Komponente, um diese unterschiedlichen Interessen zu koordinieren. Dem Staat verbleibt die Aufgabe, die Rechtsordnung und eine geregelte Verwaltung zu garantieren sowie für innere und äußere Sicherheit, ein funktionierendes Verkehrswesen und für Bildung und Gesundheit zu sorgen. „Dies einfache System der natürlichen Freiheit, ist [sic!] wie man sieht, immer noch die zentrale Grundlage unseres Wirtschaftssystems."[132]

Das die „unsichtbare Hand" nicht „wirklich" im Sinne einer gesamtgesellschaftlichen Wirklichkeit aller Akteure funktioniert, war spätestens seit 1929, mit dem großen Wall Street Börsencrash und der Großen Depression in den 1930er Jahren in den USA offensichtlich. Durch dieses extreme Marktversagen begannen Ökonomen wie John Maynard Keynes ein neues Verständnis für nationalökonomische Prozesse zu entwickeln. Der freie Markt im Sinne von Adam Smith war nicht mehr notwendigerweise positiv im Sinne eines gesamtgesellschaftlichen Nutzens. Der Staat sollte jetzt eine Schlüsselrolle einnehmen, um wirtschaftliches Wachstum zu generieren, indem er durch Fiskal- und Finanzpolitik in die wirtschaftlichen Prozesse eingreift und diese reguliert. Diese Vorstellung von staatlicher Einflussnahme hielt sich nicht sehr lange und spätestens seit den 1980er Jahren kam es mit Ronald Reagan und Margaret Thatcher wieder zu einer zunehmenden Liberalisierung der Märkte. Liberale Akteure wirtschaftlicher Praxis nutzen diese theoretischen Konstruktionen marktwirtschaftlicher Prinzipien zur Stützung ihrer Sinnwelt, um zum Beispiel gegen staatliche Eingriffe zu argumentieren und natürlich ihr eigenes Handeln sowie die Institution als solche zu legitimieren. Parallel zu den Modifikationen und auf Grundlage „westlicher" wirtschaftlicher Wirklichkeit entwickelte sich auch der Großteil entwicklungstheoretischer Annahmen eben auf diesen marktwirtschaftlichen Prinzipien klassischer und keynesianischer Annahmen von Privateigentum – Wettbewerb, frei oder reguliert, optimierte und effiziente praktische

---

[130] eine Metapher von Adam Smith, die verbildlichen soll, wie perfekter Wettbewerb zur gleichgewichtigen Verteilung von Interessen und deren Profiten führt
[131] Baßeler, Ulrich/Heinrich, Jürgen/Utecht, Burkard, 2006: Grundlagen und Probleme der Volkswirtschaft. Stuttgart, S. 57
[132] Baßeler, Ulrich/Heinrich, Jürgen/Utecht, Burkard, 2006: Grundlagen und Probleme der Volkswirtschaft. Stuttgart, S. 57

Handlungen durch individuellen Eigennutz und ein gesamtgesellschaftlicher Wohlfahrtsgewinn durch die Profitmaximierung privater Unternehmen.

Wirtschaftliches Wachstum wird gleichgesetzt mit gesellschaftlicher Entwicklung, und das gilt aus einer volkswirtschaftlichen Perspektive der Geberländer heraus auch für die „unterentwickelten" Länder dieser Welt.[133] Marktwirtschaftliche Prinzipien bilden als Ordnungsprinzipien der institutionellen Ordnung ein Großteil der gesamtgesellschaftlichen Sinn- und Bedeutungsstruktur „westlicher" Wirklichkeit und bestimmen so das praktische Handeln ihrer Akteure. Am Ende dieses Abschnitts werde ich diesen Gedankengang noch weiter ausführen.

3.3 Wachstumstheorien in der Entwicklungszusammenarbeit

„There are two ways the poor could become better off: income could be redistributed from the rich to the poor, and the income of both the poor and the rich could rise with overall economic growth. Ravallion and Chen's and Dollar and Kraay's findings suggest that on average, growth has been much more of a lifesaver to the poor than redistribution."[134]

Dieses Zitat von William Easterly, einem renommierten Wirtschaftsexperten der Weltbank, bringt die volkswirtschaftliche Perspektive in der Entwicklungszusammenarbeit sehr gut zum Ausdruck. Es zeigt Kategorien auf, welche die analytische Wahrnehmung der Experten bestimmt, namentlich Reiche, Arme, Einkommen, Umverteilung, wirtschaftliches Wachstum und Durchschnitt, sowie die Rolle der Experten, die auf sich selbst verweisen. Das Fazit, dass gesamtwirtschaftliches Wachstum für die Besserstellung der Armen vorteilhafter ist als eine Einkommensumverteilung ist symptomatisch für entwicklungspolitische Annahmen auf der Makroebene und deckt sich absolut mit den vorher beschriebenen marktwirtschaftlichen Prinzipien. Entwicklungszusammenarbeit bedeutete von Anfang an Wachstumsförderung, und die verschiedenen konkurrierenden Wachstumstheorien unterscheiden sich nur in der Form, als dass sie unterschiedliche Ansätze vertreten, wie wirtschaftliches Wachstum gefördert werden soll.[135] Wel-

---

[133] vgl. Menzel, Ulrich, 1992: Das Ende der Dritten Welt und das Scheitern der großen Theorie, Frankfurt/Main

[134] Easterly, William, 2002: The elusive quest for growth, Cambridge, S. 14

[135] vgl. Menzel, Ulrich, 1992: Das Ende der Dritten Welt und das Scheitern der großen Theorie, Frankfurt/Main

che Rolle nimmt der Staat ein? Orientiert man sich nach innen oder nach außen? Wie sollen die Einkommen verteilt werden? Übt man sich in Protektionismus oder öffnet man sich dem Weltmarkt? Sind es innergesellschaftliche Faktoren, die den Erfolg oder Misserfolg wirtschaftlichen Wachstums determinieren oder liegen sie außerhalb?

Wie die Fragen im Laufe entwicklungspolitischer Geschichte beantwortet wurden, hing und hängt immer noch von den Interessen der involvierten Akteure ab. Und wie ich im obigen Theorieteil gezeigt habe, bestimmen sich die Interessen der Akteure durch ihre gesellschaftlich konstruierte Wirklichkeit, welche sich in den entsprechenden Wachstumstheorien, die wiederum Legitimationstheorien darstellen, niederschlagen.

Es wird unterschieden zwischen exogenen und endogenen Wachstumstheorien. Bei den exogenen Wachstumstheorien liegen die wesentlichen Einflussfaktoren für Wachstum außerhalb der zu „entwickelnden" Region, wie es zum Beispiel bei der Dependenztheorie der Fall ist. Bei endogenen Wachstumstheorien befinden sie sich innerhalb der zu entwickelnden Region, wie bei der Modernisierungstheorie.

Wo vormals die bestimmenden Faktoren für langfristiges Wirtschaftswachstum in den Modellen noch exogen gegeben waren, werden sie nun, seit den 1980er Jahren, als den Modellen endogen für die Erklärung wirtschaftlichen Wachstums mit einbezogen. Dies betrifft hauptsächlich den technologischen Fortschritt und die Herausbildung von Humankapital[136]. Sie gelten heute, nach dem Scheitern der Modernisierungs- und Dependenztheorie, in der Volkswirtschaftslehre als elementare Bestandteile wirtschaftlichen Wachstums. Folgend werde ich einige der bekanntesten und einflussreichten Entwicklungs- und damit Wachstumstheorien vorstellen. Dazu gehören die Modernisierungstheorie, die Dependenztheorie, das Financial Gap Modell und die Strukturanpassungsprogramme in Verbindung mit IWF und Weltbank.

3.3.1 Modernisierungstheorie

Die Modernisierungstheorie, die von Ende der 1940er Jahre bis Ende der 1960er Jahre Bestand hatte, beruhte auf der bis dahin herrschenden Lehrmeinung, dass die Rückständigkeit „unterentwickelter" Länder auf innergesellschaftliche, also endogene Faktoren zurückzuführen sei. Der Prozess von Entwicklung wurde hier als linearer evolutionisti-

---

[136] Als Humankapital wird die Investition in Bildung bezeichnet, also personengebundenes Wissen.

scher Zusammenhang verstanden, von einer traditionellen, irrationalen, agrarwirtschaftlich geprägten Gesellschaftsform hin zur einer modernen, rationalen, industrialisierten und urbanisierten Gesellschaftsform.[137] Entwicklung wurde somit in Beziehung zur Modernität definiert, mit derselben als Ziel und mit Tradition als Ursprung. Modernisierung wurde verstanden als ein unvermeidlicher historischer linearer Prozess, den alle Gesellschaften, wenn auch zu unterschiedlichen Zeitpunkten, durchlaufen werden. Entwicklungsländern, in der Regel ehemalige Kolonien, wurden im Gegensatz zu den modernen Industrieländern tradierte Bewusstseins- und Gesellschaftsstrukturen zugesprochen, die einer sozialen, wirtschaftlichen und politischen Modernisierung als Hemmnis im Weg standen.[138] Daraus folgte, dass von außen erst einmal ein institutioneller Wandel durch entsprechende Reformen forciert werden musste. Und wenn sich eine Gesellschaft wirtschaftlich und technologisch verändern sollte, würde sich automatisch ihre soziale und politische Struktur wandeln. Entwicklung ist in dieser Modernisierungstheorie gleichbedeutend mit wirtschaftlichem Wachstum, Industrialisierung, Urbanisierung, Alphabetisierung, sozialer Mobilisierung und politischer Partizipation durch das Entstehen demokratischer Strukturen nach dem Vorbild „westlicher" institutioneller Ordnung.[139]

Mit dieser Wahrnehmung entwicklungspolitischer Wirklichkeit wurden hinsichtlich der Kontrolle der Maßnahmen Unmengen an Daten mit Hilfe standardisierter Fragen erhoben, ohne auf soziokulturelle Besonderheiten Rücksicht zu nehmen. Nach dem Motto „one fits all" veröffentlichte Walt Rostow 1960 sein Buch „The stages of Economic Growth: A Non-Communist Manifesto", indem er über wirtschaftliches Wachstum schreibt und zwischen mehr entwickelten und weniger entwickelten Regionen unterscheidet. In seiner Vorstellung gibt es einen Entwicklungspfad für alle Gesellschaften, der von der traditionellen Gesellschaft hin zu einem Zeitalter des hochentwickelten Massenkonsums führt. Seiner Argumentation zufolge ist es möglich, alle Gesellschaften in fünf Kategorien ökonomischer Dimensionen zu verorten. Zur Veranschaulichung zieht er die Metapher eines startenden Flugzeugs heran. Die erste Stufe und somit der Beginn wirtschaftlichen Wachstums bezeichnet er als traditional und deren gesellschaftliche Merkmale sind agrarwirtschaftliche Orientierung, Wissenschafts- und Technologieverständnis aus Zeiten vor Newton, familien- und klangebunden und nicht national-

---
[137] vgl. Willis, Katie, 2005: Theories and Practices of Development, London
[138] vgl. Menzel, Ulrich, 1992: Das Ende der Dritten Welt und das Scheitern der großen Theorie, Frankfurt/Main
[139] vgl. ebd.

staatlich. In der zweiten Stufe sind die Vorbedingungen für den Start gegeben. Das heißt, Spar- und Investitionsraten, die höher liegen als die Bevölkerungswachstumsrate, das Vorhandensein von Organisationen und Institutionen auf nationaler Ebene und Veränderungen werden meist durch externe Eingriffe eingeleitet. Die dritte Stufe symbolisiert den Start. Sie beinhaltet die für den Anschub benötigten Konditionen, wie politische Revolutionen, technologische Innovationen, internationale ökonomische Vernetzung, Spar- und Investitionsraten von fünf bis zehn Prozent des nationalen Einkommens, einen gewichtigen Industriesektor und angemessene institutionelle Arrangements, wie ein Bankensystem. Stufe vier umfasst eine gewisse Reife, durch die Technologien in einer größeren Bandbreite ausgebaut und adaptiert wurden, neue Industriesektoren erschlossen wurden und die Spar- und Investitionsrate zehn bis zwanzig Prozent des nationalen Einkommens beträgt. Die letzte und fünfte Stufe ist das Zeitalter des Massenkonsums, geprägt durch einen weitgestreuten Konsum von Gebrauchsgütern und Dienstleistungen und wachsende Ausgaben für Wohlfahrt und Sozialleistungen.[140] Die Annahme dahinter ist, dass alle Gesellschaften diesen Pfad gehen und es nur eine Frage der Zeit darstellt, bis alle das Zeitalter des Massenkonsums erreicht haben.

Dieses Beispiel bringt die Wahrnehmung entwicklungspolitischer Wirklichkeit der 1960er Jahre auf Basis modernisierungstheoretischer Annahmen sehr gut zum Ausdruck. Der Untertitel „A Non-Communist Manifesto" zeigt, dass Entwicklung im Kontext der Modernisierungstheorie kapitalistisch determiniert ist. Die wesentlichen Elemente für wirtschaftliches Wachstum und damit für Entwicklung sind endogen in den Gesellschaften selbst gegeben. Dass entwicklungshemmende Faktoren aus einer anderen Perspektive auch extern verortet werden können, zeigt die Dependenztheorie.

3.3.2 Dependenztheorie

Die Dependenztheorie stellt eine alternative Wirklichkeitsbestimmung entwicklungspolitischer Zusammenhänge dar. Sie wurde Mitte der 1960er Jahre in Lateinamerika entwickelt, also nicht aus der Wirklichkeit „westlicher" Geberländer heraus, sondern aus der Perspektive ehemaliger Kolonien und damit aus der Wirklichkeit der Nehmerländer. Sie stellt einen Gegensatz zur Modernisierungstheorie dar, indem sie nicht

---

[140] vgl. Willis, Katie, 2005: Theories and Practices of Development, London

innergesellschaftliche Faktoren als entscheidendes Hemmnis für wirtschaftliches Wachstum verantwortlich macht, sondern außergesellschaftliche Faktoren. Inhaltlich wird als Problem „unterentwickelter" Länder nicht ein Mangel an Modernität identifiziert, sondern ein von außen verursachter langer Prozess gesellschaftlicher Deformation durch die Bedingungen der Kolonisation und die gewaltsame internationale Arbeitsteilung.[141] Entsprechend dieser Perspektive ändert sich auch die Terminologie, und wo es in der Modernisierungstheorie noch die „Tradition" ist, die als Ursache von Entwicklungshemmnissen objektiviert wird, ist es in der Dependenztheorie die „Abhängigkeit". Denn auch nach der formellen Unabhängigkeit ehemaliger Kolonien und der Betonung der Souveränität nationalstaatlicher Entscheidungen wirken die Faktoren kolonialer Modalitäten und internationaler Arbeitsteilung, wenn auch nicht mehr direkt, sondern indirekt, durch eine ununterbrochene Einbindung in weltwirtschaftliche Strukturen fort. Raúl Prebisch, ein argentinischer Entwicklungsökonom, und Hans Singer sahen als Grund dafür die hierarchische Abhängigkeit der Peripheriestaaten, also die Primärgüter oder Rohstoff produzierenden Entwicklungsländer, von den Kernstaaten, also den weiterverarbeitenden Industrieländern, welche die Entwicklungsmöglichkeiten begrenzen oder blockieren. Zudem haben die Peripheriestaaten und die Kernstaaten aufgrund ihrer verschiedenartigen Produkte, sprich Rohstoffe, entgegen den weiterverarbeiteten Endprodukten ungleiche Verwertungschancen auf dem Weltmarkt.

Dependenztheoretiker sahen in dem Verhältnis von rohstoffexportierenden Entwicklungsländern, welche Endprodukte importieren mussten, und endproduktexportierenden Industrieländern, welche Rohstoffe importieren mussten, einen „ungleichen Tausch", da der Großteil der Wertschöpfungskette[142] in den Industrieländern lag, zudem verletzte die Weltwirtschaftsstruktur das von David Ricardo entwickelte Theorem „des komparativen Vorteils".

Um sich aus der Abhängigkeit der Kernstaaten zu lösen, musste es also um eine radikale Veränderung der Außenbeziehungen gehen. Dazu nutzte man das wirtschaftspolitische Mittel der Importsubstitution. Das heißt, man verlagerte einen Großteil der Wertschöpfungskette in das eigene Land und investierte in den Industriesektor, um die vormals importierten Endprodukte selbst herzustellen und sich so unabhängig von den Industrie-

---

[141] vgl. Menzel, Ulrich, 1992: Das Ende der Dritten Welt und das Scheitern der großen Theorie, Frankfurt/Main
[142] Wertschöpfungskette in diesem Zusammenhang heißt, dass mit jedem Prozess der Umwandlung eines Produktes vom Rohstoff bis zum Endprodukt das Produkt an Wert gewinnt, und je mehr Prozesse in einem Land verrichtet werden, desto mehr Wert kann von ihm abgeschöpft werden. Der reine Rohstoff ist somit weniger wert als das Endprodukt.

staaten zu machen. Zudem schottete man sich zum Schutz der eigenen Industrie teilweise vom Weltmarkt ab.

Und obwohl die Dependenztheorie eine alternative Wirklichkeitsbestimmung darstellt, die sich aus einer alternativen Wirklichkeit der „Entwicklungsländer" emanzipierte, assoziierte sie genau wie die Modernisierungstheorie Entwicklung mit wirtschaftlichem Wachstum. Auch argumentiert sie mit dichotomen Annahmen und an die Stelle von Tradition und Moderne treten Peripherie- und Kernstaaten. Die Modernisierungstheorie verortet die Problematik in der Kultur durch eine tradierte Gesellschafts- und Bewusstseinsstruktur. Die Dependenztheorie verortet sie in der Geschichte durch eine Abhängigkeit, begründet durch nachwirkende koloniale Weltwirtschaftsstrukturen.

Trotz mehrerer Fallstudien, welche die Dependenztheorie bestätigten, fand auch ihre Anwendung Ende der 1970er Jahre ein Ende, weil globale Paradigmen wie diese von vielen Autoren schlicht in Frage gestellt wurden.[143]

3.3.3 Financial Gap Modell

Das Financial Gap Modell stellt im Gegensatz zu den oben vorgestellten globalen Modellen der Entwicklungszusammenarbeit ein nationalökonomisches Modell zur Berechnung finanzieller Hilfen in der Entwicklungszusammenarbeit dar. Das Modell wurde bereits 1946 von Harrod und Domar entwickelt und 1966 als Two-gap-Modell von Chenery und Strout weiterentwickelt. In dieser Form stellt es das Financial Gap Modell dar, welches ursprünglich zur Analyse von Konjunkturzyklen entwickelt wurde. Später wurde es dann einfach adaptiert, um Wirtschaftswachstum zu erklären.

Obwohl dieses Modell bereits seit Jahrzehnten aus der akademischen Literatur verschwunden ist, nutzen es noch immer internationale Finanzinstitutionen wie IWF und Weltbank, um die Höhe finanzieller Hilfen in der Entwicklungszusammenarbeit zu evaluieren.[144] Um genau zu sein, sind es über 90 % der Länderbüros der Weltbank, in denen Ökonomen eine der Varianten des Financial Gap Modells nutzen, um Wachstumsraten und Finanzierungslücken vorherzusagen.

---

[143] vgl. Menzel, Ulrich, 1992: Das Ende der Dritten Welt und das Scheitern der großen Theorie, Frankfurt/Main
[144] vgl. Easterly, William, 1999: The ghost of financing gap: testing the model used in the international financial institutions, in: Journal of Development Economics 60, Washington DC

„This methodology is so widespread across country desks that those who do not use it feel the need to apologize."[145]

Ziel des Modells ist es, die Finanzierungslücke zwischen den benötigten Investitionen in einem Land und den vorhandenen Finanzen, die sich als Summe privater Investitionen und heimischer Spareinlagen darstellen, zu berechnen, um eine bestimmte Wachstumsrate zu erzielen. Die Höhe der Finanzierungslücke entspricht dabei der Höhe der Hilfszahlungen. Das Modell hat dabei zwei einfache Annahmen. Zum einen geht die finanzielle Hilfe eins zu eins in Investitionen über und zum anderen gibt es eine fixe lineare Beziehung zwischen wirtschaftlichem Wachstum und Investitionen in der kurzen Frist. Wie sich das Modell genau zusammensetzt, ist für die vorliegende Arbeit nicht weiter relevant. Wichtig ist nur, dass Easterly zeigt, dass keinerlei theoretische oder empirische Rechtfertigungen für die Annahmen bestehen, die dem Financial Gap Modell zugrunde liegen. Als Wachstumsmodell verfehlt es alle theoretischen Überprüfungen und empirischen Tests. Diejenigen, welche den Einsatz des Modells verteidigen, argumentieren, dass Hilfszahlungen und Investitionen eine notwendige, aber keine hinreichende Bedingung für Wachstum darstellen.

Easterly vermutet vier Gründe, warum es dennoch vom Großteil der internationalen Finanzinstitutionen in der angewandten Entwicklungszusammenarbeit genutzt wird: erstens, weil mit dem Modell benötigte Hilfszahlungen sehr einfach kalkuliert werden können und es Hilfszahlungen, als „notwendig" für wirtschaftliches Wachstum rechtfertigt. Dieses Argument hilft, um die Zahlungen zu begründen und die Institutionen als solche zu legitimieren. Zweitens ist es einfach so weit gestreut, dass es „alle anderen auch tun". Drittens weist es die Eigenschaft eines öffentlichen nichttrivalen[146] und nichtausschließbaren Guts auf. Ein einzelner Analyst internalisiert nicht den Nutzen eines neuen Modells für die ganze Entwicklungscommunity, sondern vergleicht lediglich den Nutzen für seinen Bericht in Bezug auf die Kosten hinsichtlich der Entwicklung eines neuen Modells. Und viertens weil die bestehenden Anreizstrukturen in der akademischen Welt eher die Entwicklung neuer Modelle an der Grenze des Wissens honoriert und nicht die kritische Evaluation bereits in der Praxis verwendeter Modelle,

---

[145] Easterly, William, 1999: The ghost of financing gap: testing the model used in the international financial institutions, in: Journal of Development Economics 60, Washington DC, S. 426
[146] Nichtrival bedeutet, dass das Gut, in diesem Fall Wissen oder Modell, von jedem Akteur gleichzeitig genutzt werden kann.

die bereits Jahrzehnte alt sind.[147] Die Vermutungen, die Easterly hier anstellt, entsprechen zum Teil meinen obigen theoretischen Erläuterungen zur gesellschaftlichen Konstruktion von Wirklichkeit – zum einen der Charakter des Modells, der die Institutionen als solche und ihr Handeln legitimiert, und zum anderen die Vermutung, „weil es alle anderen auch so tun", muss es „richtig" sein.

3.3.4 Strukturanpassungsprogramme

Im Zuge finanzieller Hilfsleistungen, um Wirtschaftswachstum in den Entwicklungsländern zu generieren, und des erneuten Aufkommens neoliberaler Wirtschaftspraxis und Entwicklungstheorie wurden Ende der 1970er Jahre Strukturanpassungsprogramme in den jeweiligen Ländern umgesetzt. Die Strukturanpassungsprogramme, oder kurz SAPs, wurden meist in Verbindung mit konditionierten Krediten implementiert und spiegeln die neoliberale Marktideologie der Reagan- und Thatcher-Ära wider. Die SAPs exemplifizieren die Art und Weise, wie die im „Westen" entwickelten und etablierten Strategien oder Wirklichkeitsbestimmungen den Entwicklungsländern aufgezwungen werden, denn sie sind Bedingungen für die Fortzahlungen von Hilfsgeldern, für die Vergabe von Krediten oder für einen Schuldenerlass.[148] Kern der SAPs sind Maßnahmen, welche die Rolle des Staates in der Wirtschaft auf ein Minimum reduzieren und die Märkte fundamental liberalisieren. Charakteristisch dafür sind die Privatisierung staatlicher Unternehmen und das Streichen staatlicher Subventionen, um den Wettbewerb zu fördern, das Aufheben von Mindestlöhnen, die Reformation des Steuersystems, um mehr Staatseinnahmen zu generieren, und die Reduktion von Staatsbediensteten, um Kosten einzusparen. Zudem sehen die SAPs eine Öffnung für den Weltmarkt vor, indem Zölle abgeschafft werden, eine Entwertung der heimischen Währung, um Exporte billiger zu machen und Importe teurer, eine Reduzierung der Quoten, um ausländische Investitionen und Exporte anzuregen, und ein Ende staatlicher Kontrollen von Exporten.[149] An diesen wesentlichen Charakteristika der SAPs, erkennt man deutlich die am Anfang dieses Abschnitts erläuterten klassisch-liberalen Annahmen von Privateigentum und freiem Wettbewerb durch Maßnahmen zur Deregulierung und Homogeni-

---

[147] vgl. Easterly, William, 1999: The ghost of financing gap: testing the model used in the international financial institutions, in: Journal of Development Economics 60, Washington DC
[148] vgl. Willis, Katie, 2005: Theories and Practices of Development, London
[149] vgl. ebd.

sierung von Wirtschaftsstrukturen im Sinne einer globalisierten Wirklichkeit. Die SAPs stellen eine Umsetzung des Washington Consensus dar, der als Bündel wirtschaftspolitischer Maßnahmen zur Förderung von wirtschaftlicher Stabilität und Wachstum infolge der lateinamerikanischen Schuldenkrise von IWF und Weltbank entwickelt wurde.

Die zum Teil desaströsen sozialen Effekte, welche die SAPs in den jeweiligen Entwicklungsländern hervorriefen, führten Ende der 1990er Jahre zu einer Überarbeitung der SAPs, und der Fokus wurde auf die Bedürfnisse der Ärmsten innerhalb der Gesellschaft gelegt, obwohl eine neoliberale Anpassungspolitik immer noch eine Schlüsselrolle für die Konditionierung von Krediten spielt. Mit diesen durch ein asymmetrisches Machtverhältnis erzwungenen Konditionierungen in Form von „Good Governance Policy" treten Entwicklungsländer teilweise sogar einige ihrer Souveränitätsrechte ab.

Dass aus einer volkswirtschaftlichen Perspektive auch soziokulturelle Phänomene unabhängig von der Modernisierungstheorie als Entwicklungshemmnis identifiziert werden können, zeigt William Easterly in seinem Buch „The Elusive Quest for Growth: Economists' Adventures and Misadventures in the Tropics" (2001).

3.4 Die soziologische Perspektive eines Ökonomen

William Russell Easterly, geboren am 09.07.1957, ist ein US-amerikanischer Ökonom. Er ist Professor für Wirtschaftswissenschaften an der New York University und arbeitete von 1985 bis 2001, in der Forschung für die Weltbank. Seine Fachgebiete sind Entwicklungsökonomie und Wirtschaftswachstum, insbesondere in Afrika. Er ist ein Kritiker der modernen Entwicklungszusammenarbeit und vermutet, dass sich diese nicht von der Philosophie der Kolonialzeit gelöst hätte. Die ihr inhärente Top-down-Herangehensweise ist seiner Meinung nach realitätsfern und weniger erfolgreich als die alternative Bottom-up-Perspektive, die sich auf kleine Interventionen beschränkt.[150] Er behandelt in seinem Buch „The Elusive Quest for Growth" alle gängigen und zum Teil auch hier vorgestellten Entwicklungs- und Wachstumstheorien und geht kritisch, auf Grundlage exemplarischer Fallstudien, mit ihnen ins Gericht. Dazu gehören die Financial Gap Annahmen, die Modernisierungstheorie, das Solow-Modell, Anreizproblematiken, das malthusianische Modell von Bevölkerungswachstum und Wohlstand, Kreditkonditio-

---

[150] vgl. Easterly, William, 2006: The White Man's Burden. Why the West's Efforts to Aid the Rest Have Done So Much Ill and So Little Good, New York

nierungen, Schuldenerlass und natürlich auch die aktuellen Annahmen, dass nur noch Technologie und Humankapital wirtschaftliches Wachstum generieren können. Da die Entwicklung von Technologie Humankapital, also Bildung, vorrausetzt und Bildung Wissen ist und somit ein gesellschaftliches Phänomen, kommt auch die volkswirtschaftliche Wirklichkeit nicht mehr daran vorbei, soziokulturelle Phänomene in ihre Überlegungen mit einzubeziehen.

Grundlage für diese Überlegungen sind Beobachtungen, dass sowohl physisches wie auch Humankapital in die reichen Industrie- und Geberländer fließt, entgegen marktwirtschaftlichen Annahmen, nach denen ein entsprechendes Angebot auch die Nachfrage schafft und umgekehrt. Das heißt, wenn zum Beispiel eine ländliche Gegend einen gut ausgebildeten Arzt nachfragt, sollte dieser sich auf Grund der großen Nachfrage auch dort anbieten. Tatsächlich ist es aber so, dass der Arzt in ein Gebiet zieht, wo bereits viele gut ausgebildete Ärzte vorhanden sind.[151] Es bilden sich somit Ballungsräume von Wissen.

Diese Tatsache begründet sich durch die Eigenschaften von Wissen. Man muss dazu sagen, dass Wissen in diesem Abschnitt der Arbeit nicht der Definition von Thomas Luckmann und Peter L. Berger entspricht, sondern mehr als technologisches Wissen verstanden werden muss, also Wissen aus einer volkswirtschaftlichen Perspektive, was sich bewusst angeeignet wurde – Wissen, generiert durch Schule, Ausbildung, Studium, im Sinne von Spezialwissen und nicht vorbewusstem Wissen, wie in den anfänglichen theoretischen Erläuterungen.

Wissen kann zum einen von vielen Personen gleichzeitig genutzt werden und zum anderen überträgt sich Wissen von einer Person zur anderen. Wissen ist komplementär und baut auf bereits vorhandenem Wissen auf. Dadurch wird Wissen noch produktiver und es wird somit eher in Wissen, in Ökonomien, investiert, wo das Bildungsniveau bereits sehr hoch liegt.[152] Das resultiert aus der Anreizproblematik, dass der Akteur lediglich einen Anreiz hat, in Bildung zu investieren, wenn sich die Investition rentiert und er einen Nutzen daraus ziehen kann. Und es rentiert sich nur, wenn die anderen Akteure auch in Bildung investieren oder investiert haben – andere Akteure, mit denen sein Wissen komplementär ist, er sich messen und sein Wissen austauschen kann. Somit baut sein Wissen auf bereits vorhandenes Wissen auf und kommt durch das Übertragen von Wissen der gesamten Gesellschaft zugute und wird belohnt durch den Ertrag, den er

---

[151] vgl. Easterly, William, 2002: The elusive quest for growth, Cambridge
[152] vgl. ebd.

mit seinem Wissen erwirtschaften kann. Dies bringt einen Kreislauf in Gang, den ein einzelner Akteur in einer Gesellschaft mit wenig Wissen nicht initiieren könnte, da er aufgrund der Komplementarität von Wissen keinen Anreiz dazu hat. Der Ertrag, den Wissen abwirft, hängt von dem bereits vorhandenen Wissen ab, und wie viel Wissen vorhanden ist, hängt von den Anreizen ab, in Bildung zu investieren. Das Übertragen von Wissen produziert einen Unterschied zwischen dem privaten Ertrag und dem sozialen Ertrag von Wissen. Deswegen ist ein freier Markt, auf dem ein Akteur für Wissen bezahlen muss, was zum Beispiel Bildung angeht, nicht die beste Lösung, da er das gesamtgesellschaftliche Wachstum durch Wissen generiert, bremst, da es nur einigen Wenigen vorbehalten ist. Wissen stellt in diesem Sinne kein Privateigentum dar. Ist bereits viel Wissen vorhanden, ist der Ertrag, wenn der Akteur in Wissen investiert, hoch. Ist wenig Wissen vorhanden, ist der Ertrag, wenn ein Akteur in Wissen investiert, sehr niedrig. Ist er zu niedrig, spricht man von einer Falle, wie der Armutsfalle.[153]

Die Komplementarität von Wissen produziert Ballungsgebiete von Wissen und Einkommen. Jeder möchte mit „seinesgleichen" zusammen sein. Ein Arbeitsteam mit einem Teammitglied ohne ein für die Arbeit relevantes Wissen macht keinen „Sinn" und ist kaum produktiv. Der Ertrag der Investitionen für ihr Wissen ist für die „geschulten" Teammitglieder damit sehr gering. Verfügen aber alle Teammitglieder über ein entsprechendes oder komplementäres Wissen, liegt der Ertrag ihres Arbeitsteams sehr hoch. Viele ausgebildete Arbeiter erhöhen gegenseitig ihre Produktivität. Mit nur wenig ausgebildeten Arbeiten unter vielen unausgebildeten ist sie viel geringer.

Leute geben für ihre Wohnungen zum Teil sehr viel Geld aus, um dort zu wohnen, wo entsprechend „ihresgleichen" wohnt, und profitieren von der Übertragbarkeit von Wissen. Es gibt bevorzugte und weniger bevorzugte Regionen. Villen werden nicht in Ghettos gebaut, obwohl das Land dort extrem günstig ist. Würden sie trotzdem dort gebaut werden, wären sie viel weniger wert als in einer bevorzugten Gegend. Gegenden mit hoch gebildeten Bewohnern zeigen ein höheres Einkommen und höhere Mieten für die gleichen Wohnungen. Das heißt, es gibt Entsprechungen und Komplementaritäten von Akteuren, Wissen, Kapital, welche sich lokal konzentrieren. Gäbe es keinen Nutzen durch solche Entsprechungen, würde man erwarten, dass sich das individuelle Einkommen auf individuelle Fähigkeiten bezieht, doch es ist offensichtlich, dass sich das individuelle Einkommen auf die Gruppe eines Akteurs bezieht, zu der er gehört.[154] Der

---

[153] vgl. ebd.
[154] vgl. Easterly, William, 2002: The elusive quest for growth, Cambridge

gleiche Anreiz gilt auch für finanzielles Kapital, welches in die reichen Industriestaaten fließt und nicht in Entwicklungsländer. 88 % privater Kapitalflüsse gehen an die reichsten 20 % der Weltbevölkerung, 1 % privater Kapitalflüsse gehen an die ärmsten 20 % der Weltbevölkerung.[155] Die großen Unterschiede in den Einkommen zwischen den Ländern, für die gleichen Fähigkeiten oder gleiche Arbeit, machen diese Idee von Entsprechungen nochmals deutlich.

Mit der Komplementarität und den Entsprechungen von Wissen und Fähigkeiten erklärt Easterly auch die Praxis, dass die ärmsten Länder mit den geringsten Fähigkeiten relativ mehr Rohstoffe produzieren als reiche Länder mit größeren Fähigkeiten, die verstärkt industriell produzieren. Die Argumentation, dass sich die weltweite Verteilung von Agrarwirtschaft und Industrie über den „komparativen Vorteil" erklärt, hält er selbst für konstruiert. Akteure in einer armen Gesellschaft haben weniger Anreiz, in Bildung zu investieren als in reichen Gesellschaften.[156]

Die Idee der Entsprechungen überträgt er auch auf ethnische Unterschiede in Bildung und Einkommen und führt das auf eine Erwartungshaltung zurück, der sie selbst entsprechen. Als Beispiel abstrahiert er zwei Gruppen. Die Rote Gruppe verfügt aus irgendwelchen historischen Gründen über eine hohe Bildung und die Grüne Gruppe über eine niedrige (vielleicht, weil sie einmal von Roten versklavt wurde). Es gibt eine gesetzliche Segregation, wodurch die Roten nur mit Roten und die Grünen nur mit Grünen arbeiten dürfen. Die Grünen haben mit ihrer niedrigen Bildung somit keinerlei Anreiz, in Bildung zu investieren, da sie sowieso nicht mit den Roten arbeiten dürfen. (Man könnte für Gruppen auch Länder oder Gesellschaften einsetzen) Die Chance, einen Grünen mit hoher Bildung zu finden, ist relativ gering, und selbst wenn ein Grüner mit hoher Bildung jemanden findet, der eine vergleichbare Bildung besitzt, ist der Ertrag aus der Investition in Bildung relativ gering. Alle Grünen stellen die gleichen Überlegungen an und sehen davon ab, in Bildung zu investieren. Ihre Erwartung hat sich damit erfüllt. Und selbst, wenn kein Gesetz Segregation vorschreibt, so nimmt doch jeder Rote aus historischen Gründen an, dass die Grünen eine niedrige Bildung aufweisen. Wenn jetzt doch ein Grüner in hohe Bildung investieren sollte, ist es für ihn sehr schwer, mit Roten zu arbeiten, da Rote aufgrund mangelnder Information nicht jeden individuellen Bildungsstand prüfen können und so lieber mit Roten arbeiten, von denen sie „wissen", dass sie eine hohe Bildung besitzen. Auch hier haben sich die

---

[155] vgl. ebd.
[156] vgl. ebd.

Erwartungen erfüllt.[157] Zur Untermauerung seiner These gibt er Zahlenbeispiele, wie dass in den USA Schwarze 41 % weniger verdienen als Weiße, Native Americans 36 % weniger, Hispanics 31 % weniger und Asiaten 16 % mehr. Er spricht auch von ethnogeographischen Armutsfallen permanenter Armut, wie dem Süden Italiens, dem Nordosten Brasiliens, Baluchistan in Pakistan oder Chiapas in Mexiko.[158]
Sicherlich ist dieses Beispiel aus einer ethnologischen Perspektive haarsträubend vereinfacht, aber es veranschaulicht sehr gut seine Idee von Armutsfallen in Nachbarschaften, ethnischen Gruppen, Regionen oder Nationen durch Erwartungsbildung und Zuschreibungen. Zudem entspricht es in weiten Teilen den obigen theoretischen Ausführungen zur Konstruktion von Wirklichkeit. Das von ihm abstrahierte Beispiel zu Armutsfallen und Anreizproblematik durch Erwartungsbildung und Zuschreibungen ist nichts anderes als die reziproke Typisierung und Objektivierung von Typen auf Grundlage sozialer Erfahrungen und Historizität.

3.5 Die marktökonomische Wirklichkeit in der Entwicklungszusammenarbeit

Zunächst ist nach diesen Ausführungen festzustellen, dass sich alle hier beschriebenen Entwicklungstheorien auf Grundlage volkswirtschaftlicher Annahmen fast zeitgleich mit den wirtschaftlichen Wirklichkeiten der „westlichen" Geberländer emanzipierten. Das heißt, zusammen mit den volkswirtschaftlichen Paradigmenwechseln der Geberländer, beginnend mit der politischen Ökonomie hin zur klassisch-liberalen Ökonomie sowie hin zur keynesianischen Modifikation marktökonomischer Annahmen und wieder zurück zur neoliberalen Wirtschaftspolitik, änderten sich auch die entwicklungstheoretischen Paradigmen innerhalb der Entwicklungszusammenarbeit (planwirtschaftliche Überlegungen der ehemaligen Ostblockstaaten mal außen vor gelassen). Offensichtlich wird die Korrelation der Paradigmenwechsel bei der Rolle des Staates. Wo nach keynesianischer Tradition – in der Modernisierungstheorie Ende der 1940er Jahre nach der großen Depression in den USA – dem Staat noch eine gewichtige Rolle zugesprochen wurde, um die „tradierten Gesellschafts- und Bewusstseinsstrukturen" in „moderne" zu transformieren, wurde mit dem Wiederaufkommen neoliberaler Wirtschaftspolitik Ende der 1970er Jahre auch der staatlichen Regulierung in der Entwicklungstheorie abge-

---

[157] vgl. ebd.
[158] vgl. ebd.

schworen, was sich wieder in den Strukturanpassungsprogrammen bemerkbar macht. Das heißt, die Paradigmen der Entwicklungszusammenarbeit haben ihre Grundlagen in den institutionellen Prinzipien der gesellschaftlich konstruierten Wirklichkeit der Geberländer, wo sie auch entwickelt wurden, und nicht in denen der Nehmerländer, die zum Großteil völlig andere sind. Das deckt sich auch völlig mit den obigen theoretischen Ausführungen zur Wirklichkeitsbestimmung. Die Probleme alternativer Wirklichkeiten werden mit diesen Entwicklungstheorien in Objektivationen der eigenen Wirklichkeit übersetzt und so verzerrt.

Dass somit ihre Anwendung scheitert, hat die Geschichte bewiesen.

Das im Theorieteil beschriebene Handlungsmotiv der negativen Legitimation alternativer Wirklichkeitsbestimmung durch Segregation findet sich praktisch in der Modernisierungstheorie wieder. Hier wurde den Gesellschaften der Entwicklungsländer ein inferiorer Status zugeschrieben, indem ihre Bewusstseins- und Gesellschaftsstrukturen als „tradiert" klassifiziert wurden, was sie in ihrer „Entwicklung" hemmt. Dem gegenüber standen die „modernen" Gesellschafts- und Bewusstseinsstrukturen der Industrieländer, die als „weiterentwickelt" im darwinistischen Sinne klassifiziert wurden, womit ihre eigene Wirklichkeitsbestimmung wieder gestützt und legitimiert wurde.

Inwiefern das Durchsetzen legitimationstheoretischer Stützungskonzeptionen beim Aufeinandertreffen alternativer symbolischer Sinnwelten mit Machtfragen verknüpft ist, zeigt das erzwungene Implementieren von SAPs durch Konditionierung. Zudem macht es das asymmetrische Machtverhältnis zwischen Geber- und Nehmerländern deutlich, wie es Arthuro Escobar[159] beschreibt, sowie die Idee von Globalisierung in Form homogenisierter Wirtschaftsstrukturen.

Die Dependenztheorie stellt eine alternative Wirklichkeitsbestimmung zur Modernisierungstheorie dar. Hier werden die verschiedenen Perspektiven von Geber- und Nehmerländern in Bezug zur Entwicklungszusammenarbeit besonders deutlich.

Die theoretisch beschriebene Habitualisierung und Institutionalisierung werden in der weitgestreuten Anwendung des Financial Gap Models erkennbar, denn obwohl es keine theoretische Legitimation für deren Anwendung gibt, nutzen es 90 % der Weltbank-Büros, einfach „weil es alle anderen auch tun" und es deswegen „richtig" sein muss.

Die Rolle der Experten und ihre legitimierende Stützfunktion für die symbolische Sinnwelt veranschaulichen schon die Wachstumstheorien der Subsinnwelt Volkswirt-

---

[159] vgl. Escobar, Arturo, 2012: Encountering Development. The Making and Unmaking oft the Third World, Princton

schaft, als nicht hinterfragbare Wissenschaftstheorie, durch ihr bloßes Vorhandensein und durch ihren Einfluss auf entwicklungspolitische Maßnahmen und Entscheidungen der Geberländer. Sie sind ein elementarer Bestandteil ihrer integrativen symbolischen Sinnwelten in Form von wissenschaftlichen Beratern, wie dem Rat der „Wirtschaftsweisen". Besonders deutlich wird es aber im Zitat des Experten William Easterly, welcher selbst auf andere Experten verweist, die seine Wirklichkeitsbestimmung mittragen, sodass sie sich gegenseitig legitimieren. Metaphorisch stellt sich die Situation der Experten als ein sich gegenseitiges Auf-die- Schulter-Klopfen dar.

Zudem ist festzustellen, dass alle hier vorgestellten entwicklungstheoretischen Annahmen Entwicklung mit wirtschaftlichem Wachstum gleichsetzen und dass Wachstum, spätestens nach dem Ende des „Kalten Krieges", nur durch marktökonomische Prinzipien, ob nun im Sinne von Keynes oder Smith, generiert werden kann. Entwicklungszusammenarbeit auf Makro-Ebene ist volkswirtschaftlich und marktökonomisch determiniert.

Wenn sich Volkswirtschaft als Erfahrungs- und Realwissenschaft versteht, so ist die Grundlage ihrer Erfahrungen „westliche" Wirtschaftsgeschichte, und vor ihrem Hintergrund muss man grundsätzlich die der Volkswirtschaft inhärenten Vorannahmen verstehen. Somit ergeben sich natürlich Probleme bei ihrer Anwendung auf Regionen, die nicht durch „westliche" Wirtschaftsgeschichte gesellschaftlich geprägt sind.

Alle anfangs beschriebenen Grundtatbestände und Vorannahmen der Volkswirtschaft stellen von der Subsinnwelt Volkswirtschaft konstruierte Objektivationen dar, die, als Wissen theoretisch legitimiert, auf die Akteure der „Alltagswirklichkeit" zurückwirken, da diese Elemente der volkwirtschaftlichen Wirklichkeitsinterpretation Teil der institutionellen Ordnung werden können. Und je mehr Lebensbereiche der Alltagswelt zunehmend marktwirtschaftlich ökonomisiert werden, desto mehr werden Elemente der „Enklaven-Wirklichkeit" Volkswirtschaft zu Elementen der institutionellen Ordnung der gesellschaftlichen Alltagswirklichkeit der Industrie- und Geberländer. Das passiert, indem sie damit zunehmend integrative Bestandteile der symbolischen Sinnwelt „westlicher" Wirklichkeit werden. Man kann sagen, dass somit gesellschaftliche Institutionen der Marktwirtschaft „naturalisiert" werden, indem sie die institutionellen Prinzipien der „Alltagswirklichkeit" mitbestimmen, die als „natürlich" wahrgenommen werden. Das funktioniert aufgrund der dialektischen Natur von gesamtgesellschaftlicher Wirklichkeitsbestimmung so lange, bis die Akteure der Alltagwelt diese institutionelle Ordnung als problematisch empfinden.

Vor diesem Hintergrund ist die Implementierung entwicklungspolitischer Maßnahmen in Entwicklungsländer nach dem Vorbild „westlicher" Wirtschafts- und Gesellschaftsstrukturen nur „natürlich". Die Interessen, welche die entwicklungspolitischen und damit die wirtschaftspolitischen Ziele bestimmen, sind Elemente der „westlichen" Wirklichkeitsbestimmung. Und wenn die Volkswirtschaft, als Subsinnwelt und Enklaven-Wirklichkeit, keine wirtschaftspolitischen Ziele festlegen will, weil sie Werturteile beinhaltet, was in ihrem Sinne nicht wissenschaftlich ableitbar wäre, so machen das die Regierungen und ihre Repräsentanten in einer Form, dass es ihre Wirklichkeitsinterpretation wieder stützt und legitimiert. Den Reverenz-Rahmen bildet dabei die institutionelle Ordnung der „westlichen" Wirklichkeit.

„Die Tradition der klassischen Ökonomen, die versuchten, das Marktgesetz auf die angebliche Neigung des Menschen im Naturzustand zurückzuführen, wurde durch ein völliges Desinteresse an den Kulturen des ‚unzivilisierten' Menschen verdrängt, da diese für das Verständnis der Probleme unseres Zeitalters unerheblich seien."[160]

---

[160] Polanyi, Karl, 1995: The Great Transformation. Politische und ökonomische Ursprünge von Gesellschaften und Wirtschaftssystemen, Frankfurt/Main, S. 74

6 Die ethnologische Perspektive

Die ethnologische Perspektive betrachtet wirtschaftliche Tätigkeiten und Prozesse im Gegensatz zur Volkswirtschaft als soziale Phänomene, mit direktem Bezug zu kulturellen, politischen, sozialen und religiösen Strukturen einer Gesellschaft. Sie fragt nach der Art der Zusammenhänge zwischen den gegebenen Ressourcen, den Nutzungsmöglichkeiten, welche die Akteure in ihnen sehen, und den Entscheidungen, welche die Akteure bezüglich dieser Nutzungsmöglichkeiten treffen. Sie analysiert die kulturspezifischen Ausprägungen von Faktoren, die wirtschaftliches Handeln und Denken gestalten. [161] Die Motivationsstruktur des wirtschaftenden Akteurs bildet hier einen elementaren Bestandteil der Analyse. Die ethnologische Perspektive nimmt keine klaren Abgrenzungen zwischen Wirtschaft und anderen gesellschaftlichen Aspekten vor, und zwar aufgrund ihrer holistischen Herangehensweise. Die symbolische Trennung der Wirtschaft von anderen sozialen Bereichen, wie in der volkswirtschaftlichen Perspektive oder in „westlichen" Gesellschaften, ist in „anderen" Gesellschaften oft nicht gegeben. Fachgeschichtlich hat sich ihre Perspektive, abhängig von der jeweiligen theoriegeschichtlichen Orientierung, oft verändert. Da der Rahmen dieser Arbeit für eine perspektivische Reflexion nicht ausreicht, begrenze ich mich auf die Darstellung, der zeitgenössischen ethnologischen Debatte über Entwicklungszusammenarbeit, kulturelle Identität und interkulturelle Kommunikation.

Die momentane ethnologische Perspektive ist ausdrücklich nicht essentialistisch, ist von konstruktivistischen, semiotischen, interpretativen, hermeneutischen und post- oder neostrukturalistischen Ansätzen geprägt und wird als „cultural turn" bezeichnet.[162]

„Im Unterschied zu naturalistischen, utilitaristischen oder normativistischen Handlungserklärungen wollen Kulturtheorien Handeln dadurch erklären und verstehen, dass sie es in jene kollektiven Wissensordnungen einbetten, die den Akteuren Sinnsysteme liefern, auf deren Grundlage den Gegenständen der Handlungsumwelt und der Welt im Allgemeinen Bedeutungen zugeschrieben werden können. Die Kulturtheorien gehen davon aus, dass die menschliche Handlungswelt erst dann verstehbar wird, wenn man die symbolischen Ordnungen rekonstruiert, auf deren Grundlage die Handelnden ihre

---

[161] vgl. Rössler, Martin, 1999: Wirtschaftsethnologie. Eine Einführung, Berlin
[162] vgl. Hüsken, Thomas, 2006: Der Stamm der Experten. Rhetorik und Praxis des interkulturellen Managements in der deutschen staatlichen Entwicklungszusammenarbeit, Bielefeld

Wirklichkeit kognitiv organisieren und damit auf spezifische Weise sinnhaft produzieren."[163]

Die Parallelen zur gesellschaftlichen Konstruktion von Wirklichkeit, die ich oben bereits theoretisch erläutert habe, sind unverkennbar. Somit liegt das Interesse der Perspektive des „cultural turn" auch in der Dekonstruktion der vom „Westen" dominierten Prozesse der Definition und Kategorisierung des kulturell Anderen, zum Beispiel mit dem Fokus auf binäre diskursive Definitionen zur Konstruktion kultureller Ordnung, wie Tradition und Moderne.[164]

Mit dieser Perspektive werden Analysebegriffe und kulturelle Zuschreibungen als von Interessen und Macht gelenkte Konstruktionen von Wirklichkeit sichtbar.[165]

Nach James Clifford soll die postkoloniale ethnographische Repräsentation die Vielschichtigkeit der Prozesse intersubjektiven Verstehens thematisieren, und zwar mit dem Ziel, mögliche Erkenntniswege und Repräsentationen zu pluralisieren.[166]

Anhand dieser Ausführungen ist deutlich zu erkennen, dass sich die ethnologische und volkswirtschaftliche Perspektive stark unterscheiden, und zwar nicht nur in ihrer Methodik, sondern gerade durch den Unterschied zwischen der reduktionistischen und der holistischen Betrachtungsweise sozialer Phänomene.

6.1 Ethnologische Vorannahmen

Auf Grund der holistischen, „cultural turn" Perspektive in der Ethnologie beschränken sich die Vorannahmen auf ein Minimum. Bei einer reduktionistischen eurozentristischen Perspektive sind, wie oben gezeigt, natürlich viel umfangreichere Vorannahmen notwendig, um die Modelle überhaupt schlüssig und erklärend erscheinen zu lassen.

Die Relativität von Objektivationen, die sich aus der Dialektik der Entäußerung subjektiven Sinns und objektiver Faktizität ergibt, stellt eine ethnologische Vorannahme dar, die im Kontext dieser Arbeit zur Entwicklungszusammenarbeit Sinn macht. Dem Akteur der Alltagswirklichkeit wird als Produzent von Kultur und Wirklichkeit eine Handlungskompetenz eingeräumt, die seine Wirklichkeit dialektisch determiniert. Damit

---

[163] Reckwitz, Andreas, 2000: Die Transformation der Kulturtheorien. Zur Entwicklung eines Theorieprogramms, Weilerswist, S. 50
[164] vgl. Hüsken, Thomas, 2006: Der Stamm der Experten. Rhetorik und Praxis des interkulturellen Managements in der deutschen staatlichen Entwicklungszusammenarbeit, Bielefeld
[165] vgl. ebd.
[166] vgl. ebd.

erhalten Kultur und Wirklichkeit einen heterogenen, pluralistischen und hybriden Charakter.

6.2 Die zu entwickelnde Kolonie und Neokolonialismus

Die Kolonialzeit und ihr Wirken auf gesellschaftliche Phänomene sind für eine ethnologische Perspektive in der Entwicklungszusammenarbeit von elementarer Bedeutung und eine Diskussion über entwicklungspolitische Praxis wäre ohne ihr koloniales Erbe unvollständig.

Bernstein definiert Kolonialismus wie folgt: „the political control of peoples and territories by foreign states, wether accompanied by significant permanent settlement [...] or not."[167] Für die Diskussion kolonialer Geschichte und deren Erbe sind hauptsächlich drei Gründe anzuführen.

Zum Ersten schaffte der europäische Kolonialismus ab Mitte des 16. Jahrhunderts zunehmend Verknüpfungen zwischen verschiedenen Teilen der Welt, welche das Schlüsselelement für die Entwicklung der Basis darstellen, für das, was heute Globalisierung genannt wird. Diese Verknüpfungen sind auch Elemente entwicklungspolitischer Theorien, wie der Dependenztheorie, die ich weiter oben bereits erläutert habe.[168]

Zum Zweiten ist es die Natur der Machtbeziehungen, die den kolonialen Beziehungen inhärent waren. Die Ausweitung politischer, ökonomischer und sozialer Kontrolle auf verschiedene Teile der Welt repräsentiert ein asymmetrisches Machtverhältnis zwischen den Ländern und in dessen Kontext werden die heute etablierten Strukturen und Machtbeziehungen zwischen den Geber- und Nehmerländern oft als Neokolonialismus bezeichnet. Der Begriff wird genutzt, um die globalen Beziehungen zwischen den Industrie- und Entwicklungsländern, die nun „offiziell" und formal unabhängig sind, zu beschreiben. Zum Beispiel legt er den Einfluss und die Beziehung transnationaler Kooperationen dar, wie die politische, ökonomische und soziale Einflussnahme der Weltbank.[169] Andere interpretieren die Verbreitung „westlicher" Konsumtionspraxis als

---

[167] Bernstein, H., 2000: Colonialism, capitalism, development, in: Allen, T./ Thomas, A., : Poverty and Development in the 21st century, Oxford: OUP
[168] vgl. Willis, Katie, 2005: Theories and Practices of Development, London
[169] vgl. ebd.

eine Form von Neokolonialismus, in der „nichtindigene" Musik, Produkte oder Essen als „besser", „entwickelter" oder „moderner" verstanden werden.[170]

Der dritte Grund besteht darin, dass die kolonialen Erfahrungen der Entwicklungsländer in der Welt stark variieren, je nach Einflussnahme und den vorher bestandenen sozialen, politischen und ökonomischen Strukturen. Abhängig von der kolonialen Erfahrung, haben sich diese Strukturen im Laufe der Zeit verändert und haben auch nach der Unabhängigkeit der Kolonien immer noch Bestand.[171]

Und auch wenn Gesellschaften bereits lange vor der westeuropäischen Expansion über andere Gesellschaften dominierten und sie ausbeuteten, wie die Azteken und Inkas in Lateinamerika oder das Mogul Imperium in Nord-West Indien, so hatten sie doch viel weitergestreute und langfristigere Effekte auf die institutionellen Ordnungen von Gesellschaften.[172]

Die erste Phase europäischer kolonialer Expansion begann nach der Ankunft von Kolumbus in Amerika 1492 durch Spanier und Portugiesen in Lateinamerika. Während des 16. und 17. Jahrhunderts erweiterte sich ihre Einflusszone bis in die Südstaaten der heutigen USA und sie nutzten die sogenannte „New World" als Quelle für Rohstoffe und für Handelsaktivitäten. Ende des 17. Jahrhunderts kamen die Briten und Holländer dazu, welche sich regional auf Nordamerika und Südostasien fokussierten. Es wurden Baumwolle, Tabak und Zucker aus Nordamerika und Gewürze und Seide aus Asien importiert. Der Sklavenhandel, welcher sich aus europäischen Enklaven entlang der westafrikanischen Küste speiste, bildete den Schlüssel für die Expansion der Baumwolle, von Tabak und Zuckerproduktion in Nordamerika. Mit der Industriellen Revolution im 18. und 19. Jahrhundert in Europa und der zunehmenden Besiedelung von Kolonien ab Mitte des 17. Jahrhunderts wurden Kolonien als Quelle für Rohstoffe und als Absatzmärkte für europäische Produkte zunehmend wichtiger. Während britische und französische Kolonien im Süden und Osten Asiens florierten, verloren die Spanier und Portugiesen ihre Position als Kolonialmacht, als zu Beginn des 19. Jahrhunderts in Südamerika Unabhängigkeitskriege ausbrachen und viele Nationen ihre Unabhängigkeit erklärten. Bis auf einige Enklaven und Südafrika fand die Kolonisierung des Großteils Afrikas, auch bekannt als der „Wettlauf um Afrika", erst Ende des 19. Jahrhunderts statt. Auf der Berlin-Konferenz 1884 – 1885 wurde der Kontinent durch europäische

---

[170] vgl. ebd.
[171] vgl. ebd.
[172] vgl. ebd.

Mächte wie Britannien, Frankreich, Belgien, Portugal und Deutschland in Kolonien aufgeteilt. Nach dem Zweiten Weltkrieg kam es unter dem Druck der USA und der Sowjetunion zunehmend zur Dekolonisierung, da die alten Kolonialmächte Frankreich und Großbritannien durch die Zerstörungen und die brachliegende Wirtschaft auf die Hilfe der USA angewiesen waren und beide „Supermächte" darin die Möglichkeit sahen, ihren Einfluss zu erweitern. Zudem gab es komplementäre Unabhängigkeitsbewegungen in den Kolonien selbst, und die veränderten Weltwirtschaftsstrukturen und der wachsende Einfluss multinationaler Kooperationen machten eine direkte politische Kontrolle, um den Handel zwischen den Ländern zu kontrollieren, unnötig.[173] Dies führte zu einer stetigen weltweiten Dekolonisation.

Und auch wenn sie jetzt politisch unabhängig waren, konnten sie immer noch nicht über sich selbst bestimmen, denn gerade die sich Zuge der Kolonialzeiten etablierenden Wirtschaftsstrukturen verhinderten eine gleichwertige, unabhängige Position in einer jetzt globalisierten Welt. Somit lässt sich aus ethnologischer Perspektive argumentieren, dass diese neokolonialen Entwicklungen auch ein Fortdauern der „westlichen" Repräsentationen beinhalten, welche proklamierten, dass der „Westen" besser weiß, was „richtig" ist.[174] Denn schon zu Kolonialzeiten wurde der Wirklichkeitsinterpretation der Kolonialisten immer ein inferiorer Status zugeschrieben, was die koloniale Praxis legitimierte. Heute, in Zeiten der Entwicklungszusammenarbeit (oder Neokolonialismus), werden Strukturanpassungsprogramme implementiert, die der Wirklichkeitsinterpretation der ehemaligen Kolonien wieder einen inferioren Status zuschreiben, denn die „Experten" der Weltbank wissen besser, wie man einem gebeutelten Staat auf die Beine hilft, und SAPs legitimieren die globale wirtschaftliche Praxis. Aus Kolonialismus ist Globalisierung ist Neokolonialismus geworden. Aus einer ethnologischen Perspektive steht dieser Zusammenhang für ein von materiellen und immateriellen Interessen geleitetes konstruiertes und historisch determiniertes asymmetrisches Machtverhältnis zwischen Geber- und Nehmerländern.

---

[173] vgl. ebd.
[174] vgl. ebd.

6.3 Der „unabhängige" Nationalstaat als Bezugspunkt

Nationalstaatliche Indizes bilden, wie in der Begriffsklärung gezeigt, die Grundlage für die Berechnung entwicklungspolitischer Maßnahmen und dienen zur Einordnung der jeweiligen Länder in entsprechend konstruierte entwicklungspolitische Kategorien, wie Low Income Countries ,High Income Countries, Less Developed Countries oder den Human Development Index. Eine international einheitliche Kategorisierung gibt es nicht. Welche Kategorien genutzt werden, hängt von der Perspektive der entsprechenden Institutionen ab, die sie zum Zwecke der Vergleichbarkeit heranziehen. Während die Weltbank lediglich das Pro-Kopf-Einkommen zur Bemessungsgrundlage heranzieht, verwenden die Vereinten Nationen den HDI, welcher nicht ökonomische Faktoren miteinbezieht. Was alle Kategorisierungen gemein haben, ist ihr Referenzrahmen eines „unabhängigen" und „souveränen" Nationalstaates.

Wie dieser Bezug, zu „unabhängiger" Nationalstaatlichkeit in der Entwicklungszusammenarbeit zur Falle werden kann, zeigt James Ferguson in eindrucksvoller Weise in seinem Buch „Global Shadows: Africa in the neoliberal World Order". Er beschreibt am Beispiel Lesothos, einem politisch unabhängigen und territorial souveränen international anerkannten Nationalstaat, und Transkeis, einem südafrikanischen Bantu „Homeland", dessen Versuch, nationale Unabhängigkeit und Souveränität zu proklamieren, wie dieser scheiterte und nicht international anerkannt wurde, in welcher Art und Weise Armut und Machtlosigkeit wahrgenommen werden.

Lesotho ist eine ehemalige britische Kolonie, territorial komplett von der Republik Südafrika umgeben, die 1966 ihre international anerkannte Unabhängigkeit erhielt, aber ökonomisch und politisch durch und durch von Südafrika dominiert wird. Die dominierende Arbeitsform ist die Arbeitsmigration nach Südafrika. Südafrikanische Firmen dominieren den Banken-, Industrie- und Handelssektor und die südafrikanische Währung ist die Alltagswährung, obwohl Lesotho eine eigene Währung einführte, die aber nicht viel Akzeptanz findet.[175] Viele Informanten von Ferguson verglichen ihre Situation mit der der südafrikanischen Bantus in Transkei und sehen sich mehr als Arbeitsreserve für die südafrikanische Wirtschaft. Lesothos Wirtschaftsgeschichte ist der Transkeis sehr ähnlich. Mit dieser Situation und einer beträchtlichen Präsenz weißer Südafrikaner in politischen Schlüsselpositionen scheinen die „Unabhängigkeit" und „Souverä-

---

[175] vgl. Fergusson, James, 2007: Global Shadows. Africa in the neoliberal world order, Durham

nität" Lesothos und seine internationale Anerkennung mehr eine Antwort auf seinen Status als ehemalige britische Kolonie zu sein und weniger eine Antwort auf seine internen Fähigkeiten, ökonomisch und politisch selbstständig zu agieren.

Transkei, als „Pseudo-Nationalstaat", wurzelt in den Bemühungen des Apartheitsregimes Südafrikas, sogenannte „Homelands" zu schaffen, die erst 7 % und später 13 % der Gesamtfläche Südafrikas ausmachten, um für die Bantu-Afrikaner exklusive Siedlungsgebiete zu schaffen. Sie dienten auch als Arbeitsreservate für die südafrikanische Wirtschaft und sollten einen „unabhängigen" Nationalstatus mit eigenen Wahlen und politischen Rechten erhalten. Ziel war es, die südafrikanische Rassentrennung und Segregation zwischen „Schwarzen" und „Weißen" in Begriffe „nationaler" Unterschiede zu übersetzen.[176] Sie sollten ihr eigenes „Heimatland" bekommen und wurden so Fremde in ihrem eigenen Land. Sie hatten somit keine politischen Rechte mehr und erhielten nur noch eine Arbeitserlaubnis für das „weiße Südafrika". Somit wurde das Problem der Rassentrennung zu einem Problem von Nationalstaatlichkeit und Migration zwischen „unabhängigen" Nationalstaaten, mit eigenen Botschaften, Nationalhymnen, Flaggen und kulturellem Erbe.

Die „Republik Transkei" und die anderen „Homelands" wurden international nie anerkannt und 1994, mit dem Ende der Apartheitspolitik, wieder vollständig in die Republik Südafrika eingegliedert. Es war der politische Kontext und keine objektiven territorialen Eigenschaften, die Lesotho zu einem „echten, unabhängigen, souveränen" Nationalstaat machten und Transkei nicht.

Dieser Unterschied im Status macht einen markanten Unterschied in der Wahrnehmung und Bekämpfung von Armut und Machtlosigkeit aus. Obwohl die Gründe für die existierende Armut in Lesotho und Transkei im Groben die gleichen sind, wird in der Diskussion über Lesotho dessen Armut kaum in Beziehung gesetzt zur südafrikanischen Politik, den erzwungenen Niedriglöhnen, den Einfuhrkontrollen oder zur Apartheit.[177]

„In the 'development' discourse that has long dominated discussions of Lesotho, poverty has inevitable been treated as an attribute of Lesotho´s *national economy*."[178]

Somit wurden strukturelle und historische Gründe aus einer weitergefassten regionalen Perspektive, die für die prekäre Lage Lesothos verantwortlich sind, durch eine nationale Perspektive, die Lesothos Armut durch eine ungünstige geographische Lage, fehlende

---

[176] vgl. ebd.
[177] vgl. ebd.
[178] Fergusson, James, 2007: Global Shadows. Africa in the neoliberal world order, Durham, S. 60

Ressourcen und fehlende Technologie beschreibt, ausgeblendet.[179] Südafrikas Apartheitsregime versuchte mit der Erfindung der „Bantu-Staaten" wie Transkei die gleiche Art der Wahrnehmung zu forcieren, indem es die politischen Probleme von Armut und rassistischer Unterdrückung zu einer Frage internationaler Beziehung von „Entwicklungsländern" machen wollte.[180] Während im entwicklungspolitischen Diskurs über Transkei die politischen Strukturen Südafrikas aufs heftigste kritisiert wurden und Transkei wegen seiner ökonomischen Vernetzung mit Südafrika nicht als gebundene ökonomische Einheit behandelt wurde, ja selbst die ökonomischen Strukturen für den urbanen „weißen" Reichtum und die ländliche „schwarze" Armut verantwortlich gemacht wurden, stehen im entwicklungspolitischen Diskurs über Lesotho technische interne nationale Gründe, wie fehlende Fähigkeiten, Input oder Ressourcen, im Vordergrund.[181] Die Vorstellung, dass ein kleines, sich in Abhängigkeit befindliches Reservoir von Arbeitskräften als nationale Wirtschaftseinheit analysiert werden kann, ist getragen von der Objektivation eines weltweit offiziell anerkannten „unabhängigen" und „souveränen" Nationalstaates. Diese hier beispielhaft angeführte Analyse kann mit Sicherheit auch auf entwicklungspolitische Diskurse anderer Nationen übertragen werden. Den Nationalstaat als Referenzrahmen für entwicklungspolitische Analysen heranzuziehen, führt dazu, die jeweilige Regierung zur „richtigen" Wirtschafts- und Finanzpolitik zu drängen. Das internationale System wirtschaftlicher Beziehungen, was viele Probleme wie Armut und Abhängigkeiten konstituiert, fällt dann aus dieser Perspektive heraus und die Probleme werden von Anfang an lokal verortet und entpolitisiert.[182] James Ferguson drückt es noch etwas drastischer aus: „For what is the international order of nations if not just such a 'constellation of states' that segments off the exploited and improverished regions within discrete national compartments with 'their own problems', thereby masking the relations that link the rich and the poor regions behind the false fronts of a souvereignty and independence that have never existed?"[183]

---

[179] vgl. Fergusson, James, 2007: Global Shadows. Africa in the neoliberal world order, Durham
[180] vgl. ebd.
[181] vgl. ebd.
[182] vgl. ebd.
[183] Fergusson, James, 2007: Global Shadows. Africa in the neoliberal world order, Durham, S. 65

6.4 Die soziale und kulturelle Dimension in der Entwicklungszusammenarbeit

Während die meisten Entwicklungstheorien, wie oben gezeigt, den Fokus auf die ökonomischen Aspekte von Entwicklung auf Grundlage nationalstaatlicher Indizes legten oder legen, rücken aus einer ethnologischen Perspektive soziale und kulturelle Faktoren in den Vordergrund – zum einen, weil auch diese eng mit ökonomischen Aspekten verknüpft sind und wirtschaftliches Wachstum direkt beeinflussen, und zum anderen sind soziale und kulturelle Faktoren elementar für die Wahrnehmung, das Handeln und die Erwartungen in Bezug auf Entwicklung.

Die Modernisierungstheorie ging noch von sozialer Evolution im darwinistischen Sinne aus, so dass ein ökonomischen Wandel auch einen sozialen Wandel nach sich zieht und die Gesellschaft, die sich seinen Umweltbedingungen am besten anpasst, gewinnt. Die hingegen, die den „Traditionen" verhaftet bleiben, verlieren. Die darwinistische Vorstellung von „survival of fittest", angewandt auf menschliche Gesellschaften, legitimierte die koloniale Praxis, privates Eigentum an Produktionsmitteln, den Marktmechanismus und soziale Ungleichheit.

Die meisten soziologischen Entwicklungstheorien kritisieren die mangelnde Berücksichtigung kultureller Diversifikation durch die Homogenisierung von Entwicklung in Bezug zur Kultur. Als Grund wird die von den Geberländern eigene kulturspezifische Definition von Entwicklung identifiziert.[184]

Post-moderne und post-koloniale Annahmen der 1980er und 1990er Jahre dekonstruieren die Entwicklungskategorien und betonen die Diversität sozialer, räumlicher und zeitlicher Bedingungen. Chandra Talpade Mohanty zum Beispiel analysierte den Begriff „Third World Woman", welcher innerhalb der Entwicklungszusammenarbeit genutzt wurde, um alle Frauen in den Entwicklungsländern zu beschreiben, und zeigte auf, in welcher Art und Weise dieser Begriff das Leben von Frauen homogenisierte, ihnen einen Opferstatus ohne Macht zuschrieb und gleichzeitig die Machtbeziehungen reflektiert, welche der eurozentristischen Wirklichkeitsbestimmung inhärent sind.[185]

Der post-kolonialistische Ansatz, zu dem ebenso Edward Said´s „Orientalism" gehört, untersucht auch die durch den „Westen" konstruierten Annahmen und Kategorien, bezieht sich aber konkret auf das koloniale Erbe. Said zeigt zum Beispiel, wie die Konstruktion des „Ostens" als „Andere", „unzivilisiert", „rückständig" und „andersar-

---

[184] vgl. Willis, Katie, 2005: Theories and Practices of Development, London
[185] vgl. ebd.

tig", nicht nur ihnen eine bestimmte Identität zuschreibt, sondern auch die Identität des „Westens" reflektiert.[186]

Im konkreten Kontext der Entwicklungszusammenarbeit werden Ethnizität, Gender und Lebensabschnitte, also Kinder und Alte, als zentrale Elemente sozialer Diversität identifiziert. Ethnische und kulturelle Diversität galten lange Zeit, wie in der Modernisierungstheorie, als Entwicklungshemmnis oder wurden einfach als nationale Angelegenheit vernachlässigt.[187] Wenn Ethnizität in den letzten 20 Jahren etwas stärker in den Fokus der Entwicklungszusammenarbeit gerückt ist, dann meist unter der Thematik von Exklusion, Integration, innerstaatlicher Konflikthaftigkeit oder als Ethnotourismus in Form entwicklungspolitischer Chancenverwertung, um mit der „Exotik" des „Anderen" durch eine marktökonomische Struktur „foreign direct investment" in die zu „entwickelnde" Region zu lenken. Kultur und Ethnizität sind auch innerhalb der Organisationsstruktur von Institutionen der Entwicklungszusammenarbeit ein Thema, worauf ich im nächsten Abschnitt noch einmal eingehen werde.

Das Thema Gender genießt eine sehr viel größere Aufmerksamkeit, da es mit seinem Bezug auf die soziokulturelle Kategorisierung von „Mann" und „Frau" in Hinsicht auf Normen, Erwartungen und Verhaltensmuster ein wesentliches Merkmal der Gesellschaftsstruktur darstellt. Die in der „westlichen" Wirklichkeit propagierte „Gleichstellung" der Geschlechter sollte auch in der Entwicklungszusammenarbeit Einzug finden, was sich in dem Entwicklungsprogramm der Vereinten Nationen und dem von ihnen eingeführten Gender-related Development[188] Index sowie dem Gender Empowerment Measure[189] niederschlägt. Konkrete Untersuchungen wie von Boserup, Moser oder Elson beziehen sich meist auf die Assoziation von Frauen mit der häuslichen, privaten und reproduktiven Sphäre von Haushalt und Kindererziehung, Exklusion, ihre Doppelbelastung von bezahlter Arbeit und Hausarbeit bei einer gesellschaftlichen Transformation von agrarorientierter Subsistenzwirtschaft hin zur industriellen Marktwirtschaft und auf hegemoniale Männlichkeit.[190]

---

[186] vgl. ebd.
[187] vgl. ebd.
[188] Der GDI nimmt zur Berechnung die Elemente des HDI als Grundlage, setzt sie aber in Beziehung zu „Mann" und „Frau".
[189] Der GEM misst die Errungenschaften von Frauen in der ökonomischen und politischen Sphäre. Indikatoren sind 1. politische Partizipation und Entscheidungsmacht, 2. ökonomische Partizipation und Entscheidungsmacht und 3. Macht und Zugang zu ökonomischen Ressourcen
[190] vgl. Willis, Katie, 2005: Theories and Practices of Development, London

Auf Grund der geringen Relevanz von Kindern und Alten als „Produktionsfaktoren" für wirtschaftlichen Wachstums in den „one-fits-all" Konzepten entwicklungspolitischer Maßnahmen und der Tendenz, innerhalb der Entwicklungszusammenarbeit Gesellschaften zu homogenisieren, wurden diese „Randgruppen" nicht „wirklich" wahrgenommen. Mit zunehmender Kritik an den Konzepten und der öffentlichen Thematisierung von Kinderarbeit, gerade in Bezug auf die multinationale Bekleidungsindustrie, rückten auch diese gesellschaftlichen „Randgruppen" in den Fokus der Entwicklungszusammenarbeit. Kinderarbeit beißt sich fundamental mit dem sorglosen „Kindheitskonzept" der „westlichen" Wirklichkeit und musste so in entwicklungspolitische Überlegungen mit einbezogen werden. [191] Diese sorglosen „Kindheitskonzepte" wurden, ähnlich dem Frauenbild, oft als eurozentristisch kritisiert und Untersuchungen[192] argumentieren, dass Erfahrungen von Kinderarmut in den Geberländern völlig anders verlaufen als in den Nehmerländern. Der Unterschied zwischen sozialer Exklusion und Kinderarbeit als ökonomische Notwendigkeit ist offensichtlich.

Jede Form sozialer, ökonomischer oder politischer Entwicklung hat unterschiedliche Auswirkungen auf die Akteure innerhalb der Entwicklungszusammenarbeit und ist abhängig vom Alter, vom Geschlecht, von der Ethnizität und der gesellschaftlich konstruierten Wirklichkeit, in der sie leben.

4.5 Kulturessentialismus in der Entwicklungszusammenarbeit

Auch innerhalb der Institutionen der Entwicklungszusammenarbeit spielt der Kulturbegriff bei der Bewertung, Vorbereitung und praktischen Anwendung entwicklungspolitischer Maßnahmen eine Rolle.

Nachdem der Großteil der ökonomischen Wachstumstheorien und politischen Implementierungsstrategien bis in die 1990er Jahre hinein scheiterte und sich zum Teil sogar, wie im Falle der SAPs, als kontraproduktiv erwies und man sich die unterschiedliche Entwicklung in den Entwicklungsländern trotz ähnlicher wirtschaftlicher Voraussetzungen nicht erklären konnte, leitete man ihren Erfolg oder Misserfolg, wie schon in der Modernisierungstheorie, wieder aus der kulturellen Identität oder Tradition einer Gesellschaft ab. Kultur rückte in der internationalen Entwicklungszusammenarbeit erneut

---

[191] vgl. ebd.
[192] Ridge, T.,2000: Childhood Poverty and Social Exclusion: From a Child´s Perspective, Bristol

in den Mittelpunkt und Islam, Konfuzianismus, Hinduismus, Buddhismus sowie die christlich geprägte abendländisch-westliche Kultur werden im kuturessentialistischem Sinne als exklusive, homogene, in sich geschlossene Kulturkreise verstanden. Und anstelle von ökonomischen und politischen Akteuren, wie Regierungen und Unternehmen in einer globalisierten Welt, werden regionale, kulturelle oder religiöse Werte für die ungleiche Entwicklung in der Welt verantwortlich gemacht.[193]

Vor diesem Hintergrund bildete sich ab Mitte der 1990 Jahre eine marktorientierte Berufsgruppe von „Interkulturalisten" heraus, die als Berater und Trainer für interkulturelle Kommunikation und interkulturelles Management auch Einzug in die Intuitionen der Entwicklungszusammenarbeit hielten. Die Thematisierung von interkultureller Kompetenz als Schlüsselqualifikation für Projektexperten, Manager und international agierende Funktionäre in einer globalisierten Welt schien die Notwendigkeit einer solchen Berufsgruppe zu legitimieren. Thomas Hüsken, zeigt in seinem Buch „Stamm der Experten", sehr anschaulich, wie die von ihnen verwendeten Konzeptionen von einem Kulturbegriff geprägt sind, „dessen Totalität alle Aspekte der Lebensweise menschlicher Gesellschaften, soziale Organisation, Politik und Recht, Ökonomie und Religion, umfasst und normiert"[194]. Die Grundlage für diese Konzeptionen bilden Arbeiten von Edward T. Hall, Geert Hofstede und Alexander Thomas, welche „mentale Programme" und Kulturstandards in einer Form banalisieren, die interkulturelles Handeln ermöglichen sollen, ohne komplexe Prozesse sozialer, ökonomischer oder politischer Art analysieren zu müssen.

Je nach Marktlage werden diese Konzeptionen kultureller Standards modifiziert, vermischt und marktkompatibel als „kniggeartige" Handbücher, Videos, Workshops, Trainings, Seminare, Simulationen oder Rollenspiele verkauft und finden sich, wie Hüsken zeigt, in der nationalen und multilateralen entwicklungspolitischen Rhetorik sowie in den Diskursen der deutschen staatlichen Entwicklungszusammenarbeit wieder.[195] Die Interkulturalisten nutzen die defizitäre Organisationstruktur der GTZ[196], was sich durch ein institutionell und organisatorisch unbestimmtes Feld ausdrückt, indem sie ihre anwendungsbezogenen Konzepte in einer populärwissenschaftlichen Sprache

---

[193] vgl. Hüsken, Thomas, 2006: Der Stamm der Experten. Rhetorik und Praxis des interkulturellen Managements in der deutschen staatlichen Entwicklungszusammenarbeit, Bielefeld
[194] Hüsken, Thomas, 2006: Der Stamm der Experten. Rhetorik und Praxis des interkulturellen Managements in der deutschen staatlichen Entwicklungszusammenarbeit, Bielefeld, S. 107
[195] vgl. Hüsken, Thomas, 2006: Der Stamm der Experten. Rhetorik und Praxis des interkulturellen Managements in der deutschen staatlichen Entwicklungszusammenarbeit, Bielefeld
[196] Gesellschaft für technische Zusammenarbeit

rezipieren, die es denn Experten ermöglicht, dieses „Wissen" über informelle und interpersonelle Netzwerke auszutauschen.[197] Ihre Doppelidentität als Hauptmerkmal ihrer Tätigkeit, als „wissenschaftliche" Kulturexperten und privatwirtschaftliche Berater legitimiert und stabilisiert sich wechselseitig. Denn in ihrer Rolle als „Wissenschaftler" genießen sie Autorität, da sie „moralisch" im Dienste der Gesellschaft handeln und nicht aus Eigeninteresse. Ihr „Wissen" bezieht sich somit offiziell nicht auf Marktinteressen. Die Rolle von Wissenschaft in der „westlichen" Wirklichkeit wird hier wieder deutlich. Ihre Rolle als privatwirtschaftlicher Berater zeugt von Professionalität, und wenn sich ihr „Wissen" auf einem von Wettbewerb geprägten Markt durchsetzt, muss es einfach „richtig" sein. Interkulturelle Kompetenz stellt in einer globalen Marktwirtschaft einen Wettbewerbsvorteil dar und somit gibt es eine Nachfrage und einen Markt. Ihr „Wissen" ist ihre Ware. „Der Komplexität der kulturellen Produktion (im Zeitalter der Globalisierung) wird mit einem als Paradigmenwechsel inszenierten Kulturalismus begegnet, dessen schematische Plausibilität auf die Bedürfnisse von Unternehmen und internationalen Diensten zugeschnitten wird."[198] Kern der schematisierten Plausibilität ist die kulturelle Differenzhypothese, die Kultur homogenisiert und mit bestimmten Zuschreibungen verknüpft, die wiederum Stereotype reproduzieren. Um den Adressaten zu binden und zu überzeugen, wird die Differenzthese an alltäglichen Verhaltensweisen und den eigenen Erfahrungen exemplifiziert. Das dient auch als Grundlage zur Legitimation komplexerer „monokultureller" Kulturstandards.[199] Für Hüsken repräsentiert diese Ausrichtung zum einen eine bestimmte Vermarktungsstrategie und zum anderen einen Duktus, der auch typisch für den kolonialen Diskurs war. Wie schon die Kolonialliteratur in Form von Handbüchern für Kolonialbeamte, benutzen auch die Publikationen der Interkulturalisten analytische Kategorien und anwendungsorientierte Zuschreibungen, die den „nationalen Charakter" und die „Mentalität" ihrer Bewohner thematisieren und katalogisieren.[200] Dass die Trainings- und Beratungsangebote und die Publikationen explizit auf europäische und amerikanische Experten, Manager und Funktionäre internationaler Entwicklungszusammenarbeit und von Unternehmen ausgerichtet sind, zeigt, dass ihr Verständnis von Kultur, Kommunikation und Zusammenarbeit auch

---

[197] vgl. Hüsken, Thomas, 2006: Der Stamm der Experten. Rhetorik und Praxis des interkulturellen Managements in der deutschen staatlichen Entwicklungszusammenarbeit, Bielefeld
[198] Hüsken, Thomas, 2006: Der Stamm der Experten. Rhetorik und Praxis des interkulturellen Managements in der deutschen staatlichen Entwicklungszusammenarbeit, Bielefeld, S. 113
[199] vgl. Hüsken, Thomas, 2006: Der Stamm der Experten. Rhetorik und Praxis des interkulturellen Managements in der deutschen staatlichen Entwicklungszusammenarbeit, Bielefeld
[200] vgl. ebd.

von globalen Machtverhältnissen determiniert ist. Ihren Erfolg und ihren konzeptionellen Einfluss verdanken sie den kalkulierten „Verwissenschaftlichungen" von Stereotypen, die dem Wissensvorrat „westlicher" Entwicklungsexperten bereits inhärent sind und so auch legitimiert werden. Das Erkennen wird auch hier zu einem Wiedererkennen, was die eigene Wirklichkeitsbestimmung untermauert. Zudem befriedigt die kulturessentialistische Wirklichkeitsbestimmung mit ihren konkreten Zuschreibungen das emotionale Bedürfnis nach Orientierung und Handlungssicherheit, wie es kulturell hybride Konzeptionen nicht könnten.

In den Ausführungen ist sehr schön zu erkennen, wie die Konzeptionen und Kulturvorstellungen, die unter anderem in der internationalen Entwicklungszusammenarbeit vermittelt werden, marktökonomisch determiniert sind. Ein spezifisches Expertenwissen, welches als exklusive Domäne professioneller Kompetenz wahrgenommen wird, wird hier zur Ware, die entsprechend den Wettbewerbsbedingungen modifiziert und verkauft wird. Bereits internalisierte Objektivationen der „Experten" innerhalb der Entwicklungszusammenarbeit werden so auch legitimationstheoretisch von der „Wirklichkeitsenklave" Wissenschaft untermauert und ihre Wirklichkeitsinterpretation bestätigt.

4.6 Moralökonomie und Sozialstruktur

Wie in der Einleitung und Begriffsklärung bereits erläutert, verbinde ich die Moralökonomie mit einer ethnologischen Perspektive, da sie das Verhalten eines Akteurs nicht alleine aus den individuellen Bedürfnissen ableitet, sondern immer aus dem sozialen Kontext heraus. Moralökonomie basiert auf einer Gabenökonomie und beinhaltet eine Form des Austausches, die sich an moralischen Normen und sozialem Prestige orientiert. Sie beinhaltet Reziprozität, Redistribution und ist gekennzeichnet durch eine „geldlose" Wirtschaftsform.[201] Die Subsistenzwirtschaft, die in vielen „Entwicklungsgebieten" einen festen Bestandteil der Existenzsicherung darstellt, wird ebenfalls unter Moralökonomie subsumiert.

Einer ihrer berühmtesten Vertreter ist James Scott mit seinem Buch „The Moral Economy oft the Peasants"(1976), in dem er die Wirtschaftsbeziehungen von Bauern in

---

[201] vgl. Hüsken, Thomas, 2008: Vertrauen und die Organisation von Heterogenität, in: Jammal, Elias: Vertrauen im interkulturellen Kontext, Wiesbaden

Südostasien untersucht. In seiner Analyse berücksichtigt er nicht allein die objektiven Wirklichkeiten des bäuerlichen Daseins, wie den historischen Materialismus oder die klassische Ökonomie, sondern betont gleichzeitig die Relevanz der subjektiven Wahrnehmung der Bauern, also ihre eigene Wirklichkeitsbestimmung.

Die Sozialstruktur stellt die Basis moralökonomischer Beziehungen dar, welche neben der Schaffung von Integration und Ordnung auch Zugehörigkeit und Identität vermitteln, was dem Akteur ein Bewusstsein für die moralische Richtigkeit seiner Handlung gibt. Moralökonomie besitzt keine formellen Erzwingungsinstanzen, sondern funktioniert über Kontrollmechanismen, die auf der Zuweisung von Prestige oder Schande basieren.[202] Scott beschreibt die Relevanz sozialer Beziehungen für Moralökonomien, ohne jedoch die Existenz individueller Interessen zu leugnen. Das individuelle Interesse aber, wie im Rationalitätskonzept beschrieben, ist in der Regel auch ein gesellschaftliches Interesse, denn das individuelle Überleben ist nur so lange gesichert, wie die Gemeinschaft in der Lage ist, es zu sichern. Somit werden gemeinschaftliche Interessen zu individuellen Interessen, bzw. lassen sich individuell und gemeinschaftlich nicht im Sinne einer „westlichen" Wirklichkeitsbestimmung trennen, da moralökonomische Erfahrungen auch soziale Erfahrungen im expliziten Sinne darstellen. Diese sozialen Erfahrungen determinieren, wie ich oben gezeigt, die Wirklichkeitsinterpretation der Akteure und damit auch ihr Verhalten. Ihre wirtschaftliche Praxis, die moralökonomisch sozial determiniert ist und von den sozialen Beziehungen abhängt, kann somit nicht entlang einer marktökonomischen Wirklichkeitsbestimmung von Unternehmens- und Konsumentenlogik verstanden werden, weil der zugrundeliegende Wirtschaftskreislauf, wie oben beschrieben, von Haushalt und Unternehmen in dieser Form kaum existent ist und nicht von ökonomischen Motiven getragen wird.[203] Die ökonomischen Entscheidungen in einer Moralökonomie folgen Sicherheits- und Moralvorstellungen, die von der Gemeinschaft getragen werden, die als soziale Einheit das Überleben der Akteure sichern. Die Aufrechterhaltung gesellschaftlicher Bindungen ist von entscheidender Bedeutung. „Das ökonomische System stellt sich in der Praxis als Funktion der gesellschaftlichen Organisation dar."[204] Sie bildet sozusagen die „Sozialversicherung" in einem informellen Rahmen, und das gilt im Allgemeinen für viele zu „entwickelnde"

---

[202] vgl. ebd.
[203] vgl. Kübler, Dorothea, 1990: „Moralökonomie versus Mikroökonomie. Zwei Erklärungsansätze bäuerlichen Wirtschaftens im Vergleich." In: Martin Trenk und Dieter Weiss: Fachgebiet Volkswirtschaft des vorderen Orients, West: Diskussionspapiere, Universität Berlin, Berlin
[204] Polanyi, Karl, 1995: The Great Transformation. Politische und ökonomische Ursprünge von Gesellschaften und Wirtschaftssystemen, Frankfurt/Main, S. 79 – 80

Regionen dieser Welt. James Ferguson sagt dazu: „Most generally, the production of wealth throughout wide areas of southern and central Africa is understood to be inseparable from the production of social relations."[205] Er zeigt, wie bereits viele ethnographische Arbeiten vor ihm, am Beispiel Afrikas, wie Belange von Reichtum, Produktion und Wohlstand in einer festen Beziehung zu einer moralischen und kosmischen Ordnung stehen und diese gleichen Belange stark mit einer „westlichen" technokratischen und „entmoralisierten" Wirklichkeitsbestimmung kontrastieren. Mit häufig genutzten Metaphern in den von ihm untersuchten Regionen, wie „rain" oder „feeding the People" im Gegensatz zu „bloodsucking", „eats the sweat" oder „witchcraft", veranschaulicht er die typische Interpretation von Reichtum in moralischen Kategorien. Es geht bei ihrer alternativen Wirklichkeitsbestimmung nicht um Gleichverteilung oder „Sozialismus" als technokratische Planwirtschaft, sondern um die Korrespondenz von Reichtum und Macht. Er unterscheidet dabei zwischen zwei Formen der Korrespondenz, die eine „feeds the people" und die andere „eats the people".[206] Die eine ist pro-sozial und unterstützt die Menschen, bringt Frieden und geteilten Wohlstand, während die andere mit Egoismus, anti-sozialem Verhalten und Ausbeutung assoziiert wird.[207] Diese in der gesellschaftlich konstruierten Wirklichkeit verankerte Wahrnehmung und moralische Interpretation von Reichtum und Wohlstand findet sich in graduell unterschiedlichen Ausprägungen in vielen Nehmerländern. Die Trennung von Moral und Wohlstand in der volkswirtschaftlichen marktökonomischen Perspektive der Geberländer innerhalb der Entwicklungszusammenarbeit äußert sich in den oben bereits erläuterten SAPs. Ihre Folgen für eine moralökonomisch dominierte Gesellschaft zeigt der nächste Abschnitt.

4.7 Strukturanpassungsprogramme und ihre Folgen

Die in den 1980er und 1990er Jahren forcierte Strukturanpassungspolitik, welche die Konditionen für wirtschaftliches Wachstum in Afrika durch eine neoliberale Wirtschaftspolitik der Deregulierung und Privatisierung stabilisieren und verbessern sollte, hatte zum großen Teil desaströse Folgen, sowohl für das Wirtschaftswachstum als auch für die soziale Wohlfahrt. In dieser Zeit kam es zu den niedrigsten und zum Teil sogar

---

[205] Fergusson, James, 2007: Global Shadows. Africa in the neoliberal world order, Durham, S. 65
[206] vgl. Fergusson, James, 2007: Global Shadows. Africa in the neoliberal world order, Durham
[207] vgl. ebd.

fallenden Wachstumsraten seit Beginn ihrer Aufzeichnung in Afrika sowie zu wachsender sozialer Ungleichheit.[208] Korruption und Vetternwirtschaft nahmen drastisch zu und Sozialleistungen wurden gerade in ländlichen Gebieten so reduziert, dass NGOs zum Teil Regierungsaufgaben, wie soziale Dienste, übernahmen. Preise für essentielle Güter, Nahrung und Medizin sowie die Arbeitslosigkeit schossen in die Höhe, während die Realeinkommen drastisch sanken.[209] Trotz gegenteiliger Absicht wurden Staatenapparate sogar zentralisierter und noch größer. Hibou spricht in diesem Zusammenhang von „the privatization of the state"[210].

Die formale Demokratisierung afrikanischer Staaten ging, wie Ferguson zeigt, genau mit dem Zeitpunkt einher, wo die wichtigsten Belange makroökonomischer Politik in Zusammenhang mit den SAPs aus den Händen der Afrikaner genommen wurde.[211] „[...] it must have been thought in international policy circles that the pain of (structural) adjustment must be easier to bear if the people felt that they had voted for it themselves."[212] Die offizielle Legitimation für die Implementierung der SAPs wurde so durch ihren „demokratischen" Charakter aus einer „westlichen" Wirklichkeitsbestimmung heraus objektiviert, obwohl die gewählte Regierung durch die konditionierte Implementierung kaum noch Einfluss auf makroökonomische Belange ausübte.

Zudem zeigt Ferguson sehr anschaulich, wie sich die Gebergruppen, im Besonderen die Weltbank, aber auch afrikanische Politiker, zur Legitimation ihrer Politik einer ökonomisierten Sprache internationaler Technokraten bedienen, völlig losgelöst von jeglicher moralischen Interpretation, die sich mit der „afrikanischen" Wirklichkeitsbestimmung durch ihre Interpretation in moralischen Kategorien in dem Maße beißt, dass diese „westliche" Form der Objektivationen durch den Großteil der gesellschaftlichen Akteure nicht getragen wird.[213] Diese ökonomisierte sprachliche Objektivierung verweist in ihren Argumentationen, die Ferguson analysiert, immer auf ihren wissenschaftlichen und empirischen Charakter der ökonomischen Faktizität und Korrektheit, der keinen Raum für Diskussionen lässt. Der legitimationstheoretische Charakter der „Wirklichkeitsenklave" Wissenschaft innerhalb der „westlichen" Wirklichkeitsinterpretation wird

---

[208] vgl. ebd.
[209] vgl. ebd.
[210] Hibou in: Fergusson, James, 2007: Global Shadows. Africa in the neoliberal world order, Durham, S. 11
[211] vgl. Fergusson, James, 2007: Global Shadows. Africa in the neoliberal world order, Durham
[212] Hoogvelt 2002: 24, in: Fergusson, James, 2007: Global Shadows. Africa in the neoliberal world order, Durham, S. 12
[213] vgl. Fergusson, James, 2007: Global Shadows. Africa in the neoliberal world order, Durham

hier wieder mehr als deutlich. Selbst der Export von Giftmüll in Länder, wo die Menschen sowieso nicht so lange leben und die Kosten für Krankheitsfürsorge somit geringer ausfallen, ist ökonomisch nach der Argumentation der Weltbank völlig korrekt.[214] Ferguson sieht die zugrundeliegenden moralischen Prämissen von den unantastbaren Rechten des Individuums, der Heiligkeit des Privateigentums und dem wesentlichen Wert der „Freiheit" implizit in der technisierten Argumentation des „scientific capitalism"[215] gegeben, auch wenn diese von ihren Akteuren nicht anerkannt oder verneint werden und nur auf die objektive ökonomische Korrektheit hingewiesen wird.[216]

Von der afrikanischen Bevölkerung wird die Politik des „scientific capitalism" trotzdem weiter in moralischen Kategorien interpretiert und nur in einer moralökonomischen Wirklichkeitsinterpretation wahrgenommen. Dies führte, wie Ferguson zeigt, zu einer Serie von Hungerkrawallen und Aufständen. Für viele Zambianer und andere afrikanische Gesellschaften waren nicht die Diebstähle von Plünderern illegal oder moralisch verwerflich, sondern die steigenden Preise für Grundnahrungsmittel selbst, was sich zum Beispiel in bedruckten T-Shirts mit der Aufschrift „Looters Association of Zambia" ausdrückte, und das, obwohl der Preis ökonomisch völlig korrekt war.[217]

Für das Scheitern der SAPs wurden von IWF und Weltbank zuerst Ineffizienz, Missmanagement und Korruption afrikanischer Staaten und später die mangelnde Legitimation ihrer Regierungen identifiziert, welche der grundlegend undemokratischen und unverantwortlichen Natur afrikanischer Regierungen geschuldet ist. Aus der Krise der SAPs wurde eine Krise der Regierungen.[218] Die Parallelen zu den Objektivationen von einem „unabhängigen" und „souveränen" Nationalstaat werden hier besonders deutlich und bei einer solchen Argumentation muss man zudem im Kopf behalten, wie demokratisch eine Regierung im formellen Sinne auch sein mag, ihr Handlungsspielraum ist durch die nichtdemokratisch legitimierten internationalen Finanzinstitutionen radikal eingeschränkt.

Die Legitimationskrise afrikanischer Regierungen ist der divergenten Wirklichkeitsbestimmung internationaler Geberorganisationen durch ihre erzwungene technokratische Strukturanpassungspolitik und ihren Einfluss auf die afrikanischen Regierungen – im Gegensatz zu der alternativen Wirklichkeitsbestimmung afrikanischer Gesellschaften –

---

[214] vgl. ebd.
[215] Damit bezeichnet Ferguson die auf wissenschaftlichen Begründungen basierende Legitimation kapitalistischer Wirtschaftspraxis.
[216] vgl. Fergusson, James, 2007: Global Shadows. Africa in the neoliberal world order, Durham
[217] vgl. ebd.
[218] vgl. ebd.

auf Grundlage moralischer Interpretation von Wohlstand in Verbindung mit sozialen Beziehungen geschuldet. In Folge des wachsenden Bewusstseins, dass die nationalen afrikanischen Regierungen weder makroökonomischen Prozesse noch die Lebensumstände ihrer Bevölkerung kontrollieren oder beeinflussen können, externalisierte sich ihr Bedürfnis in der Suche nach kollektiver Solidarität, sozialer Ordnung und moralischer Freigebigkeit außerhalb staatlicher Einflussnahme.[219] Dies drückt sich zum Beispiel aus, in Form von lokal- oder verwandtschaftsbasierten Gruppen, ethischem Separatismus, religiösen, fundamentalistischen oder anderen Bewegungen, wie beim Wiederaufkommen verwandtschaftsbasierter politischer Führerschaft in Mosambik oder den islamisch-fundamentalistischen Bewegungen in Nord- und Westafrika.[220] Man kann aus einer ethnologischen Perspektive solche lokalen Institutionen und solidarischen Volksbewegungen nicht als Rückfall oder Rückschritt in „traditionelle" Verhaltensmuster verstehen, sondern als politische Antwort auf die derzeitig wahrgenommene Wirklichkeit und als Antwort auf die dominierende „westliche" Wirklichkeitsbestimmung innerhalb der Entwicklungszusammenarbeit.

4.8 Die moralökonomische Wirklichkeit in der Entwicklungszusammenarbeit

„Against the truly fetishized view that would see 'the market' as a natural force to which human life *must* submit, the African insight that markets, prices, and wages are always *human* products is a powerful one."[221]

In dem Zitat drückt sich sehr schön aus, wie im Gegensatz zur marktökonomischen Wirklichkeit in der gesellschaftlich konstruierten Phänomene „naturalisiert" werden, in der moralökonomischen Wirklichkeit die gesellschaftlich konstruierten Phänomene als solche erkannt werden oder zum Teil sogar natürliche Phänomen „vergesellschaftet" werden. Wie die „natürlichen" Phänomene „vergesellschaftet" werden, wird am besten an dem berühmten Beispiel von E. E. Evans-Pritchard und den Azande deutlich.

Nachdem ein großer Getreidespeicher über einem Mann einstürzte und ihn tötete, versicherten Evans-Pritchard´s Informanten ihm, dass Hexerei mit im Spiel war. Nach seinem Einwand, dass die Termiten das Unglück hervorriefen, stimmten ihm die Azan-

---

[219] vgl. ebd.
[220] vgl. ebd.
[221] Fergusson, James, 2007: Global Shadows. Africa in the neoliberal world order, Durham, S. 82

de zu, wandten aber ein, dass sie nur erklären, wie der Getreidespeicher eingestürzt sei und nicht warum. Warum genau in diesem Moment, in dem der Mann darunter herlief? Ein Akteur der „westlichen" Wirklichkeit würde sagen: Zufall. Die Azande würden fragen, wer die Termiten schickte, und assoziieren es mit Hexerei. Sie „vergesellschaften" also „natürliche" Zufälle, indem sie sie mit dem Sozialen in Beziehung setzen. Nach ihrer Wirklichkeitsinterpretation ist diese Assoziation völlig rational.

„[...] where capitalism naturalizes the human world by imputing powers to objekts, the Azande were busy humanizing the natural."[222]

In einer moralökonomischen Wirklichkeit innerhalb der Entwicklungszusammenarbeit erfordert eine ungleiche Verteilung von Wohlstand und Macht, hervorgerufen durch marktökonomische Strukturen, eine Erklärung in Form sozialer Beziehungen, interpretiert in moralischer und sozialer Bedingtheit. Ökonomische Argumente sind in einem solchen Kontext auch immer moralische Argumente.[223] Somit konstituiert sich die moralökonomische Wirklichkeit völlig anders als die marktökonomische, da die Relevanz bezüglich sozialer Beziehungen in ihrer Sinn- und Bedeutungsstruktur viel stärker in der Alltagswirklichkeit objektiviert wurde. Aber was passiert, wenn die marktökonomische Wirklichkeit die moralökonomische zunehmend substituiert?

---

[222] Fergusson, James, 2007: Global Shadows. Africa in the neoliberal world order, Durham, S. 74
[223] vgl. Fergusson, James, 2007: Global Shadows. Africa in the neoliberal world order, Durham

6 Wenn Marktökonomie Bereiche der Moralökonomie substituiert

Wie in der Begriffsklärung bereits erläutert, finden sich in jeder Gesellschaft moralökonomische und marktökonomische Elemente wirtschaftlichen Handelns. Auch wenn die Subsistenzwirtschaft per Definition der moralökonomischen Sphäre zugerechnet wird, so beschränken sich die Interaktionen derer Akteure nicht nur auf diesen einen Bereich, sondern beinhalten eine Kombination verschiedener Wirtschaftsformen.[224] Bei einer partiellen Beibehaltung subsistenzwirtschaftlicher Handlungsweisen finden gleichzeitig Prozesse warenökonomischer Transformation statt. Georg Elwert beschreibt in seinem Essay „Märkte, Käuflichkeit und Moralökonomie", dass jeder Markt, damit er funktioniert, in eine moralökonomische Sphäre eingebettet sein muss, was sowohl für eine marktökonomisch dominierte Gesellschaft wie natürlich auch für eine moralökonomisch dominierte Gesellschaft gilt. Sobald die marktökonomische „Logik" des individuellen Eigennutzes in gesellschaftlich relative moralökonomische Sphären, wie Verwandtschaft, Beziehungen klassischer Reziprozität, Recht, öffentliche Ordnung, Gesundheit, Bildung oder öffentliche Ämter, eindringt, wird eine Gesellschaft dysfunktional oder im Durkheim'schen Sinne anomisch, bedingt durch „eine fortschreitende Umwandlung von Austauschbeziehungen in Warenbeziehungen"[225].

In dieser Beziehung widerspricht er Karl Polanyi, der den Erfolg des Kapitalismus in der „Entbettung" marktwirtschaftlicher Strukturen verortete, denn für Elwert ist gerade die „Einbettung" markwirtschaftlicher Strukturen für den Erfolg des Kapitalismus maßgeblich. Eine uneingeschränkte Warenexpansion durch „Entbettung" führt laut ihm zu einer generalisierten Venalität, die das „Marktversprechen" nicht mehr garantieren kann. Liebe, Recht und „Gottes Gnade" werden zu Waren und käuflich, was zu einem generellen Vertrauensverlust führt. In einer Wirklichkeitsinterpretation dieser Form verlieren die marktökonomischen Strukturen ihre Legitimation und es treten typischerweise politisch-moralische oder religiös-moralische ambitionierte soziale Bewegungen auf, welche die Käuflichkeit zurückdrängen oder abschaffen wollen.[226] Diese Bewegungen initiieren dann, entgegen ihrer eigentlichen Absicht, unter bestimmten Bedingungen eine „zweite Modernisierung", indem sie den Markt wieder in die Gesellschaft einbetten

---

[224] vgl. Schrader, Heiko, 1994: „Zum Verhältnis von Markt und Moral in westlichen und nichtwestlichen Gesellschaften", Working Paper Nr. 217, Universität Bielefeld, Fakultät für Soziologie, Bielefeld
[225] Elwert, Georg, 1985: Märkte, Käuflichkeit und Moralökonomie, in: Lutz Burkart, Soziologie und gesellschaftliche Entwicklung, Frankfurt/Main, S. 509
[226] vgl. Elwert, Georg, 1985: Märkte, Käuflichkeit und Moralökonomie, in: Lutz Burkart, Soziologie und gesellschaftliche Entwicklung, Frankfurt/Main

und so stabilisieren. Nach einer Expansion marktökonomischer Prinzipien – als „erster Modernisierung" –, in Entwicklungsländern gekennzeichnet durch ein Anwachsen von Korruption und der Transformation gesellschaftlicher Strukturen wie die Ablösung des Frauentauschs durch den Brautpreis, folgt demnach wieder eine „Einbettung" in moralökonomische Strukturen und damit eine „zweite Modernisierung durch die Synthese von moral- und marktökonomischen Strukturen.[227] Dies kann konjunkturelle oder konkomitante Formen annehmen.

Der entscheidende Vorteil marktökonomischer Strukturen liegt in ihrer Einfachheit durch die Reduktion von Komplexität. Während in einer Moralökonomie der Gebrauchswert einzelner Güter und Dienstleistungen für die Einzelnen unterschiedliche Relevanzen besitzen und einem Bewertungs- und Vergleichsmechanismus unterliegen kann, der flexibel und begrenzt ist, sind in der Marktökonomie „alle Qualitäten auf eine einzigen quantitative Struktur reduziert: auf den Preis"[228]. Diese Simplizität ökonomischer Beziehungen, losgelöst von sozialen Verpflichtungen, zersetzt durch die Käuflichkeit gesellschaftliche Institutionen, die sonst Vertrauen und Stabilität schaffen, und die dadurch hervorgerufene Instabilität stellt den Nährboden für die oben beschriebenen sozialen Bewegungen dar. Die Kritik an der Käuflichkeit, in Verbindung mit einer Rückbesinnung auf die Gemeinschaft, das kann eine Nation, eine religiöse oder ethnische Gruppe sein, stellt oft eine strukturelle Innovation dar und keine „Rückkehr zu Traditionen", die wieder einen geregelten Zugang zu Liebe, Recht und „Gottes Gnade" schaffen soll.[229]

„Da die beiden Verteilungssysteme in Teilbereichen konkurrieren könnten, ist die Grenzziehung zwischen ihnen nie vollständig plausibel [...]. Es gibt infolgedessen regelhaft Bewegungen zur Ausdehnung des Warentausch-Prinzips wie Bewegungen zur Zurückweisung dieser Expansion, zur Eindämmung des Warenprinzips oder gar zur Abschaffung der Warenökonomie."[230]

Hier zeigen sich Parallelen zu den von James Ferguson beschriebenen sozialen Bewegungen als Folge der Legitimationskrise afrikanischer Regierungen, als Resultat der

---

[227] vgl. ebd.
[228] Elwert, Georg, 1985: Märkte, Käuflichkeit und Moralökonomie, in: Lutz Burkart, Soziologie und gesellschaftliche Entwicklung, Frankfurt/Main, S. 513
[229] vgl. Elwert, Georg, 1985: Märkte, Käuflichkeit und Moralökonomie, in: Lutz Burkart, Soziologie und gesellschaftliche Entwicklung, Frankfurt/Main
[230] Elwert, Georg, 1985: Märkte, Käuflichkeit und Moralökonomie, in: Lutz Burkart, Soziologie und gesellschaftliche Entwicklung, Frankfurt/Main, S. 517

erzwungenen Implementierung von Strukturanpassungsprogrammen nach dem Vorbild „westlicher" Marktwirtschaft.

„Der Struktur des anonymen Marktes für die Warenökonomie entspricht die Anonymität der Nation als Raum der Moralökonomie."[231]

Dem Staat, als nationenbildende „Gemeinschaft" wird demnach eine regulative Funktion zugesprochen, indem er auch moralökonomische Strukturen garantiert. Er definiert Standards und sanktioniert Abweichungen als legitimationstheoretisches Element der integrativen symbolischen Sinnwelt im Sinne der gemeinschaftlichen Wirklichkeitsbestimmung. Für die Entwicklungszusammenarbeit bedeutet das, dass „schwache" Staaten bestimmte Grundbedingungen für die Etablierung einer stabilen Marktwirtschaft benötigen. Heiko Schrader macht dafür drei Bedingungen aus – zum einen die Legitimität von Herrschaft, zum anderen die moralische Selbstbeschränkung für das Funktionieren einer Marktgesellschaft und drittens ein gewisses Quantum an sozialethischen Grundsätzen und sozialstaatlichen Errungenschaften.

„Eine Marktgesellschaft bedarf zu ihrem Fortbestehen des Zusammenspiels von Markt, der Legitimität des Staates und post-konventioneller Moral der Wirtschaftssubjekte."[232]

Der dialektische Charakter von moral- und marktökonomischen Strukturen wird hier deutlich.

Es zeigt sich also, dass eine zunehmende Substituierung moralökonomischer Bereiche durch die Marktökonomie in Entwicklungsländern oder „schwachen" Staaten eine zunehmende Venalität und das Aufkommen religiöser oder einfach sinn- oder identitätsstiftender Bewegungen zur Folge hat, wenn nicht ein gesellschaftlich relativer Rahmen moralökonomischer Strukturen vorhanden ist.

Marktexpansion und damit verbundene gesellschaftliche Transformationsprozesse führen ohne moralökonomische Strukturen, wie sozialstaatliche Leistungen oder Sozialversicherungen, zu sozialer Ungleichheit und zu Verelendungsprozessen, was in Folge neoliberaler Entwicklungspolitik in vielen Teilen der Welt zu beobachten ist.[233]

---

[231] Elwert, Georg, 1985: Märkte, Käuflichkeit und Moralökonomie, in: Lutz Burkart, Soziologie und gesellschaftliche Entwicklung, Frankfurt/Main, S. 515

[232] Schrader, Heiko, 1994: „Zum Verhältnis von Markt und Moral in westlichen und nichtwestlichen Gesellschaften", Working Paper Nr. 217, Universität Bielefeld, Fakultät für Soziologie, Bielefeld, S. 24

[233] vgl. Schrader, Heiko, 1994: „Zum Verhältnis von Markt und Moral in westlichen und nichtwestlichen Gesellschaften", Working Paper Nr. 217, Universität Bielefeld, Fakultät für Soziologie, Bielefeld

7 Schluss

Entwicklungszusammenarbeit gestaltet sich, wie gezeigt wurde, nicht als moralische Selbstverpflichtung, um Armut und Hunger in der Welt zu bekämpfen, sondern als globale Strukturpolitik, welche sich zum Ziel gesetzt hat, Wirtschaftsstrukturen in einer globalisierten Welt nach einer „westlichen" Wirklichkeitsbestimmung zu homogenisieren, um bestimmte Interessen, wie die der Geberländer, von bestimmten Akteuren, wie Regierungen, Banken und international agierenden Unternehmen, durchzusetzen. Historizität und soziale wie auch koloniale Erfahrungen spielen in der Wahrnehmung der Akteure in Bezug auf Entwicklungszusammenarbeit eine entscheidende Rolle. Entwicklung wird gleichgesetzt mit wirtschaftlichem Wachstum, was sich in der Relevanz-Struktur der „westlichen" Wirklichkeitsbestimmung widerspiegelt. Wenn eine alternative Wirklichkeitsbestimmung wirtschaftliches Wachstum ebenfalls als Grundlage für Entwicklung objektiviert, so können die determinierenden Faktoren, die ausgemacht werden, doch radikal divergieren, was am Beispiel der Modernisierungs- und Dependenztheorie deutlich wurde.

Es wurde am Anfang der Arbeit gezeigt, wie sich die Wahrnehmung der Akteure durch ihre Wirklichkeitsinterpretation nach gesellschaftlicher Eigenart konstruiert und wie Historizität zur objektiven Faktizität wird und diese sich wechselseitig legitimieren. Es wurde beschrieben, welche Rolle Experten und Wissenschaft für die Stützung und Legitimierung der Wirklichkeit eigener Handlungsweisen spielen und dass Wirklichkeiten so different sind wie soziale Erfahrungen und historische Interpretationen. Es wurde dargelegt, wie sich in einem dialektischen dynamischen Prozess Alltagswirklichkeit, Subsinnwelten und die integrative symbolische Sinnwelt gegenseitig beeinflussen und legitimieren. Es wurde gezeigt, wie divergent Wirklichkeitsbestimmungen sein können, was passiert, wenn sie aufeinandertreffen und welche Rolle Macht dabei spielt. Die Abschnitte zur Kolonialzeit und Neokolonialismus oder zu den Folgen der SAPS machten das an der konkreten geschichtlichen Situation deutlich. Zudem veranschaulichen sie das Erbe kolonialer Praxis durch das Fortwirken asymmetrischer Machtstrukturen, die bis heute die globale Wirtschaftspolitik bestimmen. Alle relevanten Annahmen, Konzeptionen und Maßnahmen innerhalb der Entwicklungszusammenarbeit entspringen einer „westlichen" Wirklichkeitsinterpretation und sind zum größten Teil gescheitert, da sich die kulturellen Kategorien, mit Hilfe derer soziale Phänomene interpretiert werden, bedingt durch die eigene Wirklichkeitsbestimmung, zum Teil stark unterscheiden und moralökonomische Phänomene in eine marktökonomische Wirklichkeit übersetzt wurden, die der gesamtgesellschaftlichen Wirklichkeit vieler Nehmerländer nicht gerecht werden kann. Das erklärt zum Teil auch die unterschiedlichen Entwicklungen in verschiedenen Entwicklungsländern, trotz ähnlicher ökonomischer Voraussetzung.

Die volkswirtschaftliche marktökonomische Perspektive prägt bis heute grundlegend die entwicklungspolitischen Maßnahmen auf der Makroebene, was in den vorgestellten Entwicklungstheorien deutlich wurde und unter anderem der „westlichen" Historie von der Zeit des Feudalismus hin zur Industriellen Revolution, in der die individuelle persönliche Freiheit zum höchsten Gut deklariert wurde, geschuldet ist. Das Ausblenden der Motivationsstruktur und sozialer Belange sowie derer grundlegenden Vorannahmen vom unveräußerlichen Recht auf persönliche Freiheit, Privateigentum und individuellen Eigennutz führt zu einer reduktionistischen Perspektive, die der „Wirklichkeit" der Akteure innerhalb der Entwicklungszusammenarbeit in keiner Weise gerecht wird. Die Trennung von Moral und wirtschaftlichen Handlungen ist, wie gezeigt wurde, in vielen Entwicklungsländern in der Form gar nicht „vorstellbar", was zu Legitimationsproblemen für die implementierten Maßnahmen nach dem Vorbild marktökonomischer Wirklichkeit führt. Zudem wurde gezeigt, wie sich ein essentialistischer Kulturbegriff durch eine marktökonomische „Logik" innerhalb der Institutionen der Entwicklungszusammenarbeit emanzipierte, der kulturelle Zuschreibungen beinhaltet, welche die „westliche" Wirklichkeitsbestimmung reproduzieren, stützen und legitimieren, und zwar hauptsächlich wegen seiner ökonomischen Verwertbarkeit und seines legitimationstheoretischen Charakters, ohne der Heterogenität und Hybridität kultureller Selbstzuschreibung gerecht zu werden.

Dass soziokulturelle Phänomene ebenfalls in der volkswirtschaftlichen Perspektive, wenn auch in einer sehr rudimentären Form, berücksichtigt werden können, zeigte der Abschnitt zu William Easterly mit seinen Ausführungen zur Komplementarität von Wissen sowie zur Typisierung gesellschaftlicher Gruppen und der damit verbundenen Erwartungshaltung, was eine Verbindung zur ethnologischen Perspektive schafft.

Mit einer holistisch geprägten ethnologischen Perspektive wurden die vom „Westen" dominierten Prozesse der Definition und Kategorisierung des kulturell Anderen dekonstruiert und zum Beispiel gezeigt, wie abstrakte Objektivationen, wie der „unabhängige" und „souveräne" Nationalstaat, die Wahrnehmung der Akteure in der Entwicklungszusammenarbeit bestimmen und so die eigentlichen strukturellen Ursachen entwicklungspolitischer Probleme ausgeblendet werden. Zudem rückten mit ihr die sozialen und kulturellen Dimensionen in der Entwicklungszusammenarbeit in den Vordergrund. Es wurde gezeigt, wie Ethnizität, Gender und Lebensabschnitte homogenisiert und in „westlichen" kulturellen Kategorien interpretiert werden, was der alternativen Wirklichkeitsbestimmung vieler Nehmerländer widerspricht und zu fehlgeleiteten Maßnahmen führt. Auch wurde deutlich, wie wichtig moralökonomische Strukturen für eine funktionierende Gesellschaft sind, und zwar nicht nur für die Gesellschaften der Nehmerländer, sondern auch für die Geberländer. Solche moralökonomischen Überlegungen, fallen, wie gezeigt, aus einer reduktionistischen volkswirtschaftlichen Perspektive völlig heraus.

Nach diesen Ausführungen lässt sich sagen, dass die am Anfang postulierte These, dass Entwicklungszusammenarbeit aufgrund der verschiedenartig objektivierten und habitualisierten Wirklichkeiten ihrer Akteure oftmals scheitert, bewiesen und begründet ist.

Leider hat sich die Perspektive innerhalb der Entwicklungszusammenarbeit trotz des offensichtlichen Scheiterns bisheriger Maßnahmen und veränderter Rahmenbedingungen nicht geändert. Die G20-Entwicklungsagenda konzentriert sich weiterhin auf Maßnahmen, um wirtschaftliches Wachstum zu fördern, ohne eine differenzierte Betrachtung oder Einbeziehung betroffener Entwicklungsländer, wie der jüngste Bericht der Welthungerhilfe e.V. mit dem Titel "Die Wirklichkeit der Entwicklungspolitik 2012"[234] zeigt.

Für eine effektive und nachhaltige Entwicklungszusammenarbeit müssten grundsätzlich die Bedürfnisse, Interessen und Wirklichkeitsinterpretationen der sogenannten Entwicklungs- oder Nehmerländer in die Überlegungen mit einbezogen werden. Es muss über alternative „Entwicklungsindikatoren" nachgedacht werden, die nicht vor nationalstaatlichen Grenzen Halt machen, sondern die strukturellen Bedingungen sozialer, ökonomischer und politischer Art in den analytischen Fokus nehmen.

„Placing central analytic focus on the connections and relations that constitute national economies as national, or local cultures as local, can combat the dehistoricization and depoliticization that both developmentalist analyses of economies and anthropological analyses of cultures, in their different ways, promote."[235]

Eine holistische Perspektive innerhalb der Entwicklungszusammenarbeit, welche die strukturellen Zusammenhänge moralökonomischer und marktökonomischer Elemente

---

[234] Marten, Jens/Schilder, Klaus, 2012: „Die Wirklichkeit der Entwicklung". Zwanzigster Bericht 2012 –Teil 1. Wohin steuert die Entwicklungspolitik? Die Suche nach neuen Konzepten und Partnerschaften, Bonn: Welthungerhilfe e.V./ terre de hommes Deutschland e.V.
[235] Fergusson, James, 2007: Global Shadows. Africa in the neoliberal world order, Durham, S. 68

in den Fokus nimmt, sowie die Wahrnehmung der Akteure, inwiefern wirklichkeitsbestimmende Sinn- und Bedeutungsstrukturen von diesen getragen werden, ist für eine nachhaltige globale Entwicklung unverzichtbar.

Die Notwendigkeit einer solchen Perspektive wird auch mit zunehmend innergesellschaftlichen Spannungen, hervorgerufen durch soziale Disparitäten, deutlich. Protestbewegungen, wie die Occupy-Bewegung, welche die Wirklichkeitsinterpretation der Repräsentanten ihrer symbolischen Sinnwelt nicht mehr tragen, können ohne weiteres mit Hilfe der hier vorgestellten Theorie von der gesellschaftlichen Konstruktion von Wirklichkeit analytisch beleuchtet werden.

7 Literaturverzeichnis

Allen, J.,1995: „Global worlds", in: Allen,J./Massey, D.: Geographical worlds, Oxford: OUP.

Baßeler, Ulrich/Heinrich, Jürgen/Utecht, Burkard, 2006: Grundlagen und Probleme der Volkswirtschaft. Stuttgart: Schäffer-Poeschel.

Berger, Peter L./Luckmann, Thomas, 1991: Die gesellschaftliche Konstruktion von Wirklichkeit, Frankfurt/Main: Fischer-Taschenbuch-Verlag.

Bernstein, H., 2000: Colonialism, capitalism, development, in: Allen, T./Thomas, A., : Poverty and Development in the 21st century, Oxford: OUP.

Bierschenk, Thomas/Elwert, Georg, 1993: Entwicklungshilfe und ihre Folgen. Ergebnisse empirischer Untersuchungen in Afrika. Frankfurt/Main: Campus Verlag.

Boas, Franz/Stocking George W., 1971: The Shaping of American Anthropology, 1883 – 1911. A Franz Boas reader, New York: Basic Books.

Bourdieu, Pierre, 1976: Entwurf einer Theorie der Praxis auf der ethnologischen Grundlage der kabylischen Gesellschaft, Frankfurt/Main: Suhrkamp.

Durkheim, Émile, 1970: Die Regeln der soziologischen Methode, Berlin: Luchterhand.

Durkheim, Émilie, 1977: Über die Teilung der sozialen Arbeit; Frankfurt/Main: Suhrkamp.

Easterly, William, 2002: The elusive quest for growth, Cambridge: MIT Press.

Easterly, William, 1999: The ghost of financing gap: testing the model used in the international financial institutions, in: Journal of Development Economics 60, Washington DC.

Easterly, William, 2006: The White Man's Burden. Why the West's Efforts to Aid the Rest Have Done So Much Ill and So Little Good, New York: Penguin Press.

Elwert, Georg, 1996: Kulturen und Innovationen. Sozialwissenschaftliche Schriften Heft 30, Berlin: Duncker & Humboldt.

Elwert, Georg, 1985: Märkte, Käuflichkeit und Moralökonomie, in: Lutz Burkart, Soziologie und gesellschaftliche Entwicklung, Frankfurt/Main: Campus Verlag.

Escobar, Arturo, 2012: Encountering Development. The Making and Unmaking oft the Third World, Princton: Princton University Press.

Evans-Prichard, Edward E., 1981: Theorien über primitive Religionen, Frankfurt/Main: Suhrkamp.

Fergusson, James, 2007: Global Shadows. Africa in the neoliberal world order, Durham: Duke University Press.

Firth, Raymond 1967: Institutionen in primitive Gesellschaften, Frankfurt/Main: Suhrkamp.

Gregory, Christopher A., 1982: Gifts and commodities, London: Academic Press.

Hirschberg, Walther 1999: Wörterbuch der Völkerkunde, Berlin: Reimer.

Hüsken, Thomas, 2006: Der Stamm der Experten. Rhetorik und Praxis des interkulturellen Managements in der deutschen staatlichen Entwicklungszusammenarbeit, Bielefeld: transcript-Verlag.

Hüsken, Thomas, 2008: Vertrauen und die Organisation von Heterogenität, in: Jammal, Elias: Vertrauen im interkulturellen Kontext, Wiesbaden: VS Verlag für Sozialwissenschaften.

Jones, Charles I., 2002: Introduction to economic growth, New York: Norton.

Kübler, Dorothea, 1990: „Moralökonomie versus Mikroökonomie. Zwei Erklärungsansätze bäuerlichen Wirtschaftens im Vergleich." In: Martin Trenk und Dieter Weiss: Fachgebiet Volkswirtschaft des vorderen Orients, West: Diskussionspapiere, Universität Berlin, Berlin.

Marten, Jens/Schilder, Klaus, 2012: „Die Wirklichkeit der Entwicklung". Zwanzigster Bericht 2012 – Teil 1. Wohin steuert die Entwicklungspolitik? Die Suche nach neuen Konzepten und Partnerschaften, Bonn: Welthungerhilfe e.V./ terre de hommes Deutschland e.V.

Mauss, Marcel, 1999: Die Gabe. Form und Funktion des Austauschs in archaischen Gesellschaften, Frankfurt/Main: Suhrkamp.

Menzel, Ulrich,1992: Das Ende der Dritten Welt und das Scheitern er großen Theorie, Frankfurt/Main: Suhrkamp.

Needham, Rodney, 1981: Skeptical remarks on human universals, in: Heelas, Paul: indigenous psychologies, London: Academic Press.

Polanyi, Karl, 1995: The Great Transformation. Politische und ökonomische Ursprünge von Gesellschaften und Wirtschaftssystemen, Frankfurt/Main: Suhrkamp.

Reckwitz, Andreas, 2000: Die Transformation der Kulturtheorien. Zur Entwicklung eines Theorieprogramms, Weilerswist: Velbrück Wissenschaften.

Ridge, T.,2000: Childhood Poverty and Social Exclusion: From a Child's Perspective, Bristol: The Policy Press.

Rössler, Martin, 1999: Wirtschaftsethnologie. Eine Einführung, Berlin: Reimer.

Sahlins, Marshall David, 1981: Kultur und Praktische Vernunft, Frankfurt/Main: Suhrkamp.

Sahlins, Marshall David, 1992: Inseln der Geschichte, Hamburg: Junius.

Schrader, Heiko, 1994: „Zum Verhältnis von Markt und Moral in westlichen und nichtwestlichen Gesellschaften", Working Paper Nr. 217, Universität Bielefeld, Fakultät für Soziologie, Bielefeld.

Scott, James C., 1976: The moral economy of the peasant. Rebellion and subsistence in Southeast Asia, New Haven: Yale University Press.

Willis, Katie, 2005: Theories and Practices of Development, London: Routledge.

Internet

Büschel, Hubertus: Geschichte der Entwicklungspolitik, unter: http://docupedia.de/zg/Geschichte_der_Entwicklungspolitik, (abgerufen am 23.05.2012)

Bundesministerium für wirtschaftliche Zusammenarbeit und Entwicklung: Die Millenniumsziele – Herausforderungen für die Zukunft, unter: http://www.bmz.de/de/was_wir_machen/ziele/hintergrund/ziele/millenniumsziele, (abgerufen am 24.05.2012)

Autorenprofil

Philipp Hellmund, M.A. wurde 1979 in Bernau bei Berlin geboren. Nach seinem Abitur und einer abgeschlossenen Berufsausbildung als Offset-Drucker bei einem großen deutschen Zeitungsverlag, beschloss er im Jahr 2002 ein Magisterstudium der Ethnologie an der Freien Universität Berlin aufzunehmen. Angeregt durch einen Dozenten für Wirtschaftsanthropologie ergänzte er seine akademische Ausbildung durch das Studium der Volkswirtschaft. Sein Interesse an dem Thema des Buches entstand durch die offensichtliche perspektivische Einseitigkeit, mit welcher Entwicklungspolitik und Entwicklungsstrategien in den Wirtschaftswissenschaften vermittelt wurden. Nach Auslandsaufenthalten in Indien und Lateinamerika und der Geburt seiner Tochter Emilia im Jahr 2006 beendete er im Oktober 2012 erfolgreich sein Studium.